Topos Taschenbücher
Band 214

Ferdinand Krenzer

Oasen im Alltag

Meditationen

Topos Taschenbücher

Die Deutsche Bibliothek – CIP-Einheitsaufnahme

Krenzer, Ferdinand:
Oasen im Alltag: Meditationen / Ferdinand Krenzer. – 1. Aufl.
– Mainz: Matthias-Grünewald-Verl., 1991
(Topos-Taschenbücher; Bd. 214)
ISBN 3-7867-1584-X
NE: GT

 1. Auflage 1991
Reihengestaltung: Harald Schneider-Reckels und Iris Momtahen
Umschlagfoto: Werner H. Müller, Stuttgart
Gesamtherstellung: Clausen & Bosse GmbH, Leck

Inhalt

Glaube befreit

Positiv denken

Das Leben deuten

Mit der Wüste leben

Vorwort

Der Bischof von Erfurt, Wanke, schreibt in einem Hirtenwort, daß wir alle nur stundenweise gläubig sind. Es gäbe Partien in unserem Leben, die ungläubig blieben, so ähnlich wie ein Stein, der jahrelang im Wasser liegt, nur außen naß werde, aber innen hart und trocken bleibe.
Viele, die wirklich aus dem Glauben leben möchten, leiden unter dieser inneren Trockenheit und daß der Glaube nicht das Leben wirklich durchdringt. Denn wir sind ja keine toten Steine, und wir „leben und bewegen uns und sind doch in Gott“ (vgl. Apg 17,28). Wie kommt es dann, daß Glaube und Alltag sich so wenig durchdringen, daß die „lebendigen Wasser“ des Glaubens nicht unser ganzes Leben bewässern und fruchtbar machen? Woher diese Dürre und innere Trockenheit an vielen Tagen?
Ich habe einmal gehört, daß es unter den Gebieten, die auf unserer Erdoberfläche als Wüste erscheinen, oft viel Wasser gibt. Wo dieses Wasser an die Oberfläche tritt, entstehen Oasen. An anderen Stellen können sie entstehen, wenn man tief genug bohrt und dem Wasser nach oben verhilft. Gilt das nicht auch vom menschlichen Leben? Wenn ich nicht an der Oberfläche bleibe, sondern tiefer bohre, nach innen horche, dann können Quellen aufbrechen, die sonst verschüttet blieben. Im tiefsten Inneren meines Selbst stoße ich letztlich auf Gott. Und wo Gott und Mensch einander begegnen, beginnt die Wüste zu blühen, beginnt der Glaube zu leben.
Jesus hat es uns vorgemacht: Für ihn war der Stein nicht nur Stein und der Weg nicht nur Weg; in allem sah er ein Gleichnis für eine tiefere Wirklichkeit, alles wurde ihm zu einem Bild für das Handeln Gottes in dieser Welt. Ebenso

müssen wir uns der Geheimnistiefe und Sinnfülle der Dinge öffnen. Nichts ist so alltäglich, daß es uns nicht etwas sagen, nicht tiefere Zusammenhänge eröffnen könnte. Wenn wir den trockenen und grauen Alltag, die dürren und scheinbar nichtssagenden täglichen Erlebnisse auf Gott hin „abklopfen", anbohren, dann kann es sein, daß wie bei Mose aus Gestein und Wüstensand Quellenwasser sprießt, und daß in der scheinbaren Dürre des Alltags Oasen des Glaubens entstehen.

Füreinander da sein

Sich helfen lassen

In Gleichnissen schlagen sich tiefe menschliche Erfahrungen nieder. „Ein Blinder und ein Lahmer wurden von einem Waldbrand überrascht. Beide gerieten in Angst. Der Blinde floh gerade aufs Feuer zu. Der Lahme rief: ‚Flieh nicht dorthin.' Der Blinde fragte: ‚Wohin soll ich mich wenden?' Der Lahme: ‚Ich könnte dir den Weg vorwärts zeigen, so weit du willst, da ich aber lahm bin, so nimm mich auf deine Schultern, damit ich dir sagen kann, wo du den Schlangen, den Dornen, dem Feuer und anderen Gefahren aus dem Weg gehen kannst; dann werden wir beide glücklich die Stadt erreichen.' Der Blinde richtete sich nach des Lahmen Wort, und so gelangten die beiden wohlbehalten an ihr Ziel" (nach einem indischen Märchen).
Hätte der Blinde gesagt: „Du bist mir zu schwer, ohne dich kann ich schneller laufen", so wäre er in sein Verderben gerannt, und auch der Lahme wäre verloren gewesen. Nun aber spannen sie ihre geringen Kräfte zusammen: Der eine trägt, der andere zeigt die Richtung. Das ist die Rettung. Das ist im Leben oft so: Der eine hat gute Ideen, Einsichten – der andere hat den Mut, die Fertigkeit, sie zu verwirklichen. Der eine ist Theoretiker – der andere Praktiker. Der eine ist ans Haus gefesselt, vermag aber die Hausarbeiten noch zu verrichten – der andere ist rüstig und verdient das Lebensnotwendige. Der eine ist praktisch veranlagt – der andere hat „zwei linke Hände", aber er ist fähig, sich in andere hineinzudenken und kann ihnen so helfen. Der eine hat eine mehr musische Begabung,

spielt ein Instrument – der andere hört zwar gerne Musik, könnte aber einem Klavier nicht einen klangvollen Akkord entlocken.
Sagt man nicht, daß gewisse Gegensätze gute Voraussetzungen sind, zum Beispiel für das Gelingen einer Ehe? Irgendwo ist jeder Mensch lahm, unfertig, ungeübt, bequem, hilflos. Und auf einem Auge hat jeder einen blinden Fleck, manchmal sogar auf beiden. Da sieht man zum Beispiel den Splitter im Auge des anderen, den Balken im eigenen sieht man nicht. So sagt es die Bibel (vgl. Lk 6,41). Unser ganzes Leben ist auf Ergänzung angewiesen, auf Hilfe von anderen. Zwar kann ein Blinder keinen Blinden führen, und ein Lahmer kann keinen Lahmen tragen. Das sagt wiederum die Bibel (vgl. Lk 6,39). Wohl aber können beide sich ergänzen. Die eigenen Defizite erkennen und sie ergänzen lassen durch das, was andere wissen und können, dies führt am weitesten. Das ist gar nicht so leicht. Schon das kleine Kind möchte gern alles allein machen. Dem Erwachsenen fällt es noch viel schwerer, seine Schwäche einzugestehen. Sich helfen zu lassen, das widerspricht oft dem eigenen Stolz. Und dem anderen selbstlos zu helfen, widerspricht der eigenen Bequemlichkeit oder Selbstsucht. „Mir hilft ja auch keiner."
Es wird darauf ankommen, daß ich bei mir selbst anfange und mich frage, wo ich irgendwo helfen kann – auch wenn ich fühle, daß meine Kräfte schwach und gering sind. Daß ich dennoch nicht warte, sondern einfach das sage und tue, was mir im Augenblick nötig erscheint. Dann wird der, dem ich zu helfen meine, mir unerwartet von dem mitteilen, was ihm an Möglichkeiten geschenkt ist. Ich darf nur nicht berechnen wollen, abwägen, ob es sich lohnt. Das meiste, was Menschen einander geben können, ist nicht meßbar. Ich mache oft die Erfahrung: Was mir ganz gering schien, wo ich mich deshalb kaum traute, etwas zu sagen oder zu tun, das hatte unerwartet für den anderen eine große Bedeutung.

Alle Viere von sich strecken

Mancher beklagt sich, daß er die Bibel nicht recht in Beziehung zu seinem Leben bringen kann. Das alles, so meint er, hat mit seinem Alltag nichts zu tun. Da ist in der Bibel beispielsweise von Heilungen die Rede, etwa von der Heilung eines Gelähmten. Aber was soll das *mir* sagen? *Ich* bin doch nicht gelähmt? Oder doch?

Wie war das noch? Da bringen Männer einen Gelähmten auf einer Tragbahre zu Jesus, können aber nicht zu ihm gelangen, weil das Haus, in dem er spricht, bis auf den letzten Stehplatz voll ist. Sie decken also das leichte Dach ab und lassen den Gelähmten einfach vor Jesus nieder. Lassen wir einmal beiseite, daß Jesus zunächst dem Gelähmten seine Sünden vergibt. Er sieht den Glauben der Träger und spricht den Gelähmten an: „Nimm deine Trage und geh." Und er geht und preist Gott (Mk 2,1–12; Mt 5,17–26).

Ja, und was soll das nun mit mir zu tun haben? Ich bin doch zum Glück noch mobil und beweglich. Aber bin ich nicht manchmal auch wie gelähmt, so entschlußlos und unbeweglich? Dann möchte ich am liebsten alle Viere von mir strecken und mich tragen lassen. Ich bin dann zu lahm, eine Karte zu schreiben, eine Aufmerksamkeit zu besorgen, einen Besuch zu machen, einen Gedanken wirklich durchzudenken, mich zu einer Arbeit zu entschließen, die nicht unbedingt gefordert ist. In solchen Situationen möchte ich mich einfach fallenlassen, eine Unterhaltungssendung anschauen, nur nicht selbst etwas leisten müssen. Geht es Ihnen nicht gelegentlich auch so?

Gelähmt kann man auch sein in seiner Gottesbeziehung, im Gebet; gelähmt, einem inneren Anruf, etwas Gutes zu tun, Folge zu leisten; oder mehr von sich zu fordern; zum Beispiel einen Kranken zu besuchen, ein längst fälliges Gespräch nicht weiter aufzuschieben, eine längst fällige Ver-

zeihung auszusprechen. Manchmal kann man sich zu nichts aufraffen.
Und die Menschen um mich herum, so viele Gelähmte gleich mir. Die Männer haben einfach zugepackt, den Gelähmten auf die Tragbahre gelegt. Man kann sich davor drücken, dem am Boden Liegenden unter die Arme zu greifen, ihn aufzuheben: den Einsamen, die Langweilige, die Nervensäge, den Alten, alle diejenigen, mit denen sich ein Kontakt nicht zu lohnen scheint. Es ist oft nicht einfach, die Enttäuschten in die eigene Welt hineinzuheben, Zeit für sie zu haben! Wie viele gibt es, die sagen: „Ich kann nicht mehr." Aber oft hilft schon ein Gespräch aus der Isolierung heraus. So könnten wir andere, die noch mehr gelähmt sind als wir selbst, ein Stück tragen. Die meisten können weiter, wenn ihnen jemand weiterhilft. Ich wäre dann sozusagen die heilende Kraft, die Jesus durch mich weitergeben will. Aber dazu muß die eigene Lähmung zum Guten erst behoben sein. Oder wird meine Lähmung dadurch geheilt, daß ich anderen aufhelfe?
Versuche ich es doch einmal wie der Gelähmte, mich einfach vor Jesus hinzulegen, meine Schwäche einzugestehen. Ich bin sicher, daß auch heute eine belebende Kraft vom Glauben ausgeht.

Auf die Stille hören

In meiner Umgebung lebt jemand, der – weil er schon älter ist – schlecht hört. Und weil er so wenig von dem mitbekommt, was andere reden, spricht er auch wenig. Zwei Kontaktwege zum anderen sind behindert. Wie muß das erst bei einem Menschen sein, der taubstumm auf die Welt gekommen ist? Von einem solchen Taubstummen, der von Jesus geheilt wird, berichtet die Bibel (Mk 7,31–37). An-

dere müssen ihn zu Jesus bringen, weil er selbst viel zu scheu geworden ist.
Was kann Ihnen, was kann mir ein solcher Bericht sagen? Wir sind doch weder taub noch stumm. Moment mal! Natürlich sind mein Gehör und meine Sprache in Ordnung. Ich muß sogar sehr viel reden. Aber wenn ich einmal genauer nachdenke, merke ich, daß ich vieles überhöre. Hören ist nicht nur ein Vorgang des Trommelfells, der im Gehirn verarbeitet wird oder auch nicht. – Hören wir nicht alle selektiv, in Auswahl? Das ist sogar eine notwendige Schutzvorrichtung. Wir können nicht das Vielerlei, das wir zugleich hören, gleichzeitig verarbeiten. Wenn ich in intensivem Gespräch bin, höre ich unter Umständen das laute Flugzeug nicht. Aber schlimm ist es, wenn ich überhöre, was ich dringend hören sollte: den stummen Seufzer eines Menschen neben mir; die nur scheu erwähnte Not eines Freundes oder das vielsagende Schweigen eines anderen. Ein Buch von Henri Nouwen trägt den Titel: „Ich hörte auf die Stille". Auf die Stille hören, das bedeutet, etwas zu hören, was gar nicht laut gesagt wurde. Es kommt also darauf an, auch die Zwischentöne des Lebens wahrzunehmen.
Und erst recht überhöre ich, was Gott mir in den Begegnungen und Erlebnissen eines Tages sagen will. Gar nicht zu reden von den Anrufen des Gewissens, die mich nicht erreichen. Es spricht mich nichts an, weder ein Wort der Bibel, noch die Schönheit der Schöpfung.
Mit der Taubheit war früher meist die Stummheit verbunden. Die Sprechorgane waren oft in Ordnung, aber wer nicht hörte, konnte auch nicht sprechen. Da gibt es heute Hilfen. Aber Stummheit im übertragenen Sinn gibt es noch in vielen Bereichen. Wer hat nicht schon geschwiegen, wo er hätte reden müssen? Ich meine jetzt nicht die Tatsache, daß es einem die Sprache verschlägt angesichts eines großen Leids oder auch einer groben Unverschämtheit. Aber ich müßte doch reden, wenn jemand angegrif-

fen wird, wenn verallgemeinernd Menschen herabgerissen werden: *die* Ausländer oder *die* Jugendlichen, *die* Penner, *die* Politiker... Welches Einzelschicksal, das ich gar nicht kenne, steht jeweils dahinter! Stumm bleibe ich unter Umständen auch, wenn ich den Dank unterlasse oder die Entschuldigung oder Anteilnahme. Und erst recht kann man Gott gegenüber stumm bleiben: durch Unterlassung jedes Gebetes, durch Schweigen bei Schmähungen gegenüber dem Glauben. Man wirft der älteren Generation vor, daß sie geschwiegen habe bei den Untaten des Dritten Reiches. Heute droht uns keine direkte Lebensgefahr, aber nur wenige wagen es, die Stimme für das ungeborene Leben zu erheben.

Jesus heilt einen Taubstummen. Er kann erst recht meine Blockaden im Reden und Hören heilen. Ich muß ihn nur anrufen. Dazu brauche ich noch keine Sprache, sondern nur eine innere Stimme, eine geheime Sehnsucht. Aber den Kontakt mit ihm muß ich schon selbst herstellen.

Blinde Flecken

Blindsein erschien mir immer als das schlimmste Schicksal, das einen Menschen treffen kann. Alles mit dem Stock oder mit dem Gehör ertasten und erahnen zu müssen, welche Einschränkung an Erfahrungen! Ich verstehe, daß der Blinde, der an den Straßen von Jericho bettelte, nur einen Wunsch an Jesus hatte: „Herr, ich möchte wieder sehen können." Und Jesus: „Du sollst wieder sehen. Dein Glaube hat dir geholfen" (Lk 18,35–43).

Was hat das mit Ihnen, was mit mir zu tun? Zum Glück hatte ich immer gute Augen, erst jetzt im Alter brauche ich eine schwache Lesebrille. Aber kann ich deshalb behaupten, daß ich keine blinden Flecken habe? Sehen ist nicht nur davon abhängig, daß das Auge in Ordnung ist. Der ganze Mensch ist daran beteiligt. Darum kann Haß den Blick trüben, Aufmerksamkeit aber die Sehkraft schärfen. Ein Künstler, ein guter Fotograf sieht mehr als ein anderer, obwohl auf der Netzhaut das gleiche Bild ankommt. Wer liebt, sieht mehr, erkennt in dem Partner Züge, die ein anderer nicht entdeckt. Aber auch in Alltagsdingen, an Münzen, Steinen, Bierdeckeln oder was immer einer sammelt, entdeckt der Liebhaber Details, die der andere übersieht. Erst wenn dieser darauf aufmerksam gemacht wird, erkennt er, was der Sammler vor ihm gesehen hat.

Wenn ich das bedenke, dann merke ich auf einmal, daß ich zwar das natürliche Augenlicht besitze, daß ich aber Heilung von mancher Blindheit nötig habe. Gleichen wir nicht alle irgendwo dem Blinden von Jericho? Ist es nicht auch Ihnen schon so gegangen, daß Sie etwas gesucht haben, und es lag direkt vor Ihnen? Man kann das Nächstliegende übersehen: den Schlüssel, einen Termin, den glitzernden Tautropfen; aber auch die Not anderer Menschen, den hilfesuchenden Blick, die versteckte Angst. Was uns ärgert oder nützt, sehen wir sehr schnell, was uns aber fordert, übersehen wir unbewußt. Vielleicht schließe ich auch bewußt die Augen, weil manches, was ich sehe, mich nicht mehr losläßt, mich bedrängt, meine Hilfe beansprucht. Für vieles sind wir blind, das heißt gefangen in unserer gewohnten Weise, etwas zu sehen. Erst recht fehlt vielen Menschen heute das Auge des Glaubens. Ihnen ist nie aufgegangen, daß, wer glaubt, mehr sieht: Zusammenhänge, die das Leben erst deuten und sinnvoll machen; Beziehungen zu Gott und dem Nächsten; Hoffnung und Zukunft selbst über den Tod hinaus...

Kürzlich las ich eine Geschichte, die eine Mutter berichtete. Ihr Junge, vier Jahre alt, schmückte sich an Karnevalstagen als Cowboy. Dann kam er zu seiner Mutter: „Mama, schau mal, wie schön ich bin." Die Mutter schrieb gerade an der Schreibmaschine und schaute deshalb nur über die

Schulter: „Ja, du bist schön." Kurz danach stand der Junge ganz still wieder neben der Mutter. Sie fragt: „Was ist denn?" Da sagt der Junge mit traurigen Augen: „Mama, ich möchte dir meine Augen geben, damit du sehen kannst, wie schön ich bin."
Wenn Jesus sagt: „Du sollst sehen, du sollst wieder sehen, dein Glaube hat dir geholfen", dann möchte er uns seine Augen geben, eine Sehkraft, die hinter die Dinge schaut: Augen, die jeden Menschen in Zuneigung ansehen, die hinter allem und in allem Gott und seine Fügung und Führung erkennen. Wenn es ein Gebet gibt, das wahrscheinlich die meisten Menschen sprechen könnten, dann ist das meines Erachtens dieses: „Herr, ich möchte sehen können." Und was wäre das für ein Leben: mit den Augen der anderen und mit den Augen Gottes sehen können.

Ich bin außer mir

Der Evangelist Markus berichtet im ersten Kapitel über die Heilung eines Aussätzigen. Er bittet Jesus um Hilfe: „Wenn du willst, kannst du machen, daß ich rein werde." Jesus streckt die Hand aus, berührt ihn und sagt: „Ich will es – werde rein!" Im gleichen Augenblick verschwand der Aussatz, und der Mann war rein (Mk 1,40–45).
Lepra war in der damaligen Zeit weit verbreitet. Da man keine Heilungsmöglichkeit hatte, sonderte man die Erkrankten ab, um eine Ansteckung zu vermeiden. Dem gleichen Zweck diente auch die alttestamentliche Bestimmung, die die Aussätzigen für unrein erklärte und vom Verkehr mit den Gesunden ausschloß. Man sonderte sie also ab, setzte sie aus. Nicht von dem Befund der Krankheit, sondern von diesem Absondern bekam die Krankheit ihren Namen: Aussatz. Kam ein Gesunder in die Nähe

dieser kranken Menschen, mußten diese warnend ausrufen: „Unrein“. Aber Jesus hatte keine Angst vor dem Kontakt mit dem Aussätzigen. Gegen alle Regel streckte er seine Hand aus und rührte ihn an, denn er hatte Mitleid mit ihm. Krankheit und Leid, das machte Jesus immer wieder deutlich, entsprechen – so wie sie den Menschen treffen – nicht dem Willen Gottes. Jesus ist Anwalt des Lebens. Und das Leben eines Aussätzigen „ist kein Leben mehr“.
Daß Menschen abgesondert werden, gibt es auch heute, auch in meiner Welt. Der Aussätzige ist Symbol für viele Menschen unserer Gesellschaft. Er lebt in einer bedrückenden Beziehungslosigkeit. Heute sind es nicht mehr die Leprakranken, sondern andere Menschengruppen, die an den Rand gedrängt werden oder sich selbst absondern: Alleinstehende, Alte, Straffällige, geistig Behinderte, Schwerkranke, Menschen anderer Rassen... Gibt es nicht Menschen, denen ich aus dem Weg gehe, weil sie mir lästig sind, weil ich damit nichts anzufangen weiß, weil ich sie nicht mag...? Gibt es nicht auch in der Kirche Menschen, die sich ausgesetzt fühlen; denen gegenüber Berührungsängste bestehen?
Von den Wörtern Sondern, Absondern ist das Wort Sünde abgeleitet. Die Sünde besteht letztlich in der Unfähigkeit oder Unwilligkeit zu Kontakt und Beziehung. Und so sondert sich der Mensch ab: vom anderen, von Gott; er entfremdet sich damit auch von sich selbst. Wer nicht aus sich herausgehen kann, findet auch nicht zum anderen. Absonderung, Sich-Aussetzen und Ausgesetztsein gibt es nicht nur in modernen Isolierstationen, sondern ist ein Krankheitsbild gerade unserer Zeit.
Grenze ich nicht gelegentlich Gott aus meinem Leben, aus meinen Wünschen aus? Ich kenne die Unlust, mit ihm im Gebet Kontakt aufzunehmen. Statt mich ihm auszusetzen, setze ich mich eher von ihm ab, gehe meine eigenen Wege. – Und ich distanziere mich auch von anderen Menschen, halte sie mir vom Leib. Das mag in einigen Fällen vernünf-

tiger Selbstschutz sein, oft aber steht dahinter Ablehnung. Ich könnte sie aus ihrer Isolierung befreien, wenn ich auf sie zuginge. Mancher sagt vielleicht insgeheim zu mir: „Wenn du willst, kannst du mich frei machen." Vielleicht ist es nur meine eigene Hemmung, die mich absondert und andere absondert, die mich hindert, aus mir herauszugehen. Halte ich lieber Distanz und bin dessen doch nicht froh?

Vielleicht stehe ich mir selbst gelegentlich distanziert gegenüber, bin mir selbst fremd. Ist das nicht schon vorgekommen, daß ich mich selbst nicht verstanden habe; nicht verstanden habe, warum ich dieses oder jenes gesagt und getan habe? Dieses oder jenes an mir gefällt mir nicht. Manchmal können Menschen sich selbst nicht annehmen, weil sie nie angenommen, weil sie zu früh „ausgesetzt" wurden, d. h. Zuwendung und Nähe entbehren mußten. Und wer kennt nicht den Zustand, daß er gelegentlich „außer sich" ist. Ob dieser Wunderbericht mich nicht doch betrifft? Ob nicht auch mir Heilung gut täte? Jesus jedenfalls will keine Entfremdung, er will Nähe, Kontakt. Er ist der Gott mit uns. Ich sollte mehr das Gespräch mit ihm suchen. Das Gespräch ist die wichtigste Form der Kontaktaufnahme, des Heraustretens aus der Isolierung. Wenn ich das Gespräch mit ihm begonnen habe, seine Nähe finde, finde ich sie vielleicht auch besser zu anderen und zu mir selbst.

Einander mitnehmen

Man kann darüber geteilter Meinung sein, und ganz ungefährlich ist es auch nicht. Ich jedenfalls nehme – wenn es irgend geht – Anhalter auf der Straße mit, wenn sie einigermaßen vertrauenswürdig erscheinen. Aber damit be-

ginnt auch schon die Schwierigkeit. Kann ich das überhaupt beurteilen? Ich habe es längst verlernt, Menschen nach ihrem Äußeren, etwa nach ihrer Kleidung oder ihren Haaren zu beurteilen. Und oft muß in Sekundenschnelle entschieden werden. Bin ich dann doch vorbeigefahren, möchte ich manches Mal am liebsten wieder umkehren. Vielleicht steht jener oder jene schon länger als eine Stunde. Wieviel Enttäuschung mag er, mag sie inzwischen heruntergeschluckt haben? Vielleicht ist ein Bus weggefahren, vielleicht muß er/sie dringend zu einem Termin. Oder es war ein junger Mensch. Die Ablehnung gegenüber den Älteren und Besitzenden steigert sich mit jedem Auto, das vorbeifährt, obwohl noch Platz wäre.
Kürzlich war es eine Mutter mit ihren beiden Kindern, die ich erst im letzten Augenblick erkannte. Keine kleinen Kinder, schon etwa 15 und 16 Jahre alt. Ich hatte schon gebremst, aber wir fuhren in flotter Schlange. Ein Ausscheren war gar nicht so leicht möglich. Außerdem fuhren wir mit zwei Wagen im Konvoi – wir wollten zusammenbleiben, und der andere hatte es besonders eilig. Es war vor einer Fernsehübertragung der Fußballmeisterschaften. Ich hatte – wie gesagt – schon gebremst, dann aber fiel mir das alles in Sekundenschnelle ein; und zudem noch, daß der Rücksitz mit Mantel und Tasche belegt war. Das entschied: Ich fuhr weiter. Ich sah aber noch im Rückspiegel, daß die drei schon einige Schritte auf meinen Wagen zugetan hatten. Sie hatten mein leichtes Abbremsen richtig gedeutet. Ich gestehe, ich war den ganzen Abend nicht mehr mit mir zufrieden.
Was ist das, was da so stark Anklage gegen einen selbst erhebt? Ich hatte sie stehengelassen, und es käme doch gerade darauf an, daß wir einander mitnehmen. Ich meine das jetzt in viel weiterem Sinn: daß wir überall abstoppen, halten, wo wir gebraucht werden. Und willkürlich denke ich an den Bericht der Bibel über den unter die Räuber Gefallenen (Lk 30–35). Zweimal heißt es da: Es kam einer

vorbei, sah ihn und ging vorüber. Was mag später in diesen beiden vorgegangen sein? Oder waren sie fest überzeugt, richtig gehandelt zu haben?
Wir versagen meist dann, wenn wir auf etwas nicht eingestellt sind, wenn wir von etwas überrascht werden. Gerade wenn ich nicht damit rechne, steht einer am Weg. Es könnte sein, ja es wird vermutlich so sein, daß mir heute jemand ein Zeichen gibt: Einen Augenblick bitte, kannst du mir einen Moment zuhören. Ich will dir nur kurz etwas sagen... Ein Zeichen – nicht unbedingt mit der Hand, auch nicht mir Worten. Vielleicht schweigt jemand nur. Schade, wenn ich ihn stehenlassen würde.

Befreiung durch Vergebung

Geht es Ihnen auch so? Wie gerne möchte ich manchmal ein Wort wieder zurücknehmen. Entweder was ich sagte oder auch nur wie ich es sagte: allzu scharf, vielleicht ironisch. Dabei hatte ich das so gar nicht sagen wollen. Vielleicht hatte ich mir vorher sogar zugeredet: Bleib ruhig, laß dich nicht aufregen. Aber der Widerspruch, die Uneinsichtigkeit oder auch der Spott auf der anderen Seite, vielleicht nur ein verächtliches Grinsen, lassen dann alle guten Vorsätze vergessen. Um nicht der Unterlegene zu sein, kam dann die Schärfe in die Worte.
„Die Zunge ist ein scharfes Schwert", sagt der Psalm (57,5). Auf diese Schärfe mag es einem im Augenblick ankommen. Aber dann ist Porzellan zerschlagen, und da steht man nun mit seinem Ärger über sich selbst. „Wer seinen Mund und seine Zunge behütet, der behütet sein Leben vor Drangsal", heißt es im Buch der Sprüche (21,23). Genauso ist es. Ein Wort kann aufrichten, befreien, Brücken schlagen, kann einen ganzen Tag hell ma-

chen. Es kann aber genauso Unruhe bringen, Freundschaften zerstören, verletzen, schlagen. Und das alles nicht nur bei einem anderen, sondern auch bei mir selbst. Das nicht mehr zurückzunehmende Wort lähmt mich unter Umständen Stunden und Tage. Man könnte sich dafür selbst verprügeln. „Tod und Leben stehen in der Macht der Zunge“, sagt ein anderes Sprichwort (18,21).

Was also ist zu tun? Gute Vorsätze werden – wie gesagt – in einer konkreten Situation und im ersten Ärger leicht zunichte. Und das Wort selbst läßt sich nicht zurückholen. Ist der Pfeil erst einmal abgeschossen, ist er nicht mehr aufzuhalten. Aber vielleicht läßt er sich wieder herausziehen, wo er aufgetroffen ist. Sich zu entschuldigen ist freilich nicht leicht. Leichter ist es, Zeichen zu setzen, die dem anderen sagen, daß es so nicht gemeint war, daß es einem leid tut, daß die alte Zuneigung weiterbesteht.

Mir kommt es aber eigentlich noch auf etwas anderes an. Um wieder wirklich frei von meinen Selbstvorwürfen zu werden, braucht es den anderen, der nicht nur diese Zeichen versteht, sondern sie auch annimmt. Oft bin ich wahrscheinlich selbst dieser andere, der zu vergeben hat, bei dem Versöhnung gesucht wird. Der Ärger über mich selbst, wenn ich ein unbedachtes Wort nicht zurücknehmen kann, möge mir dazu verhelfen, mich in die Situation eines anderen hineinzuversetzen, der mir gegenüber auf diese Weise schuldig wurde. Gebe Gott, daß ich die Zeichen, die vielleicht noch so schwachen Zeichen der Wiedergutmachung bei dem anderen nicht übersehe.

Eine Fabel faßt das gut zusammen: „Ein König befahl seinem Diener: ‚Bring mir eine Speise, die auf Erden an Süße nicht ihresgleichen hat.‘ Der Diener kaufte eine Zunge, briet sie und trug sie dem König auf. Dieser befahl nun: ‚Geh und bring mir etwas, das bitterer ist als alles auf der Welt.‘ Der Diener kaufte wieder eine Zunge und brachte sie dem König. Dieser sagte: ‚Ich habe etwas Bitteres von dir verlangt, und du hast mir eine Zunge gebracht. Als ich etwas Süßes verlangte, hast du mir auch eine Zunge gebracht.' Der Diener antwortete: ‚Es gibt nichts Süßeres auf der Welt als eine Zunge, und nichts kann bitterer sein als eine Zunge.'"

Zeichen der Nähe

Eine Urlaubskarte

Unter den zahlreichen Urlaubskarten, die ich dieses Jahr bekam, war eine, die ich an mich selbst adressiert hatte, die mir aber von einem Gemeindemitglied aus dem Urlaub zugeschickt wurde. Das hört sich etwas kompliziert an, deshalb muß ich erklären, was es mit dieser Karte auf sich hat.

Vor der Urlaubszeit hatten wir im Kindergottesdienst Bildpostkarten ausgegeben. Alle Gottesdienstteilnehmer wurden gebeten, ihre eigene Anschrift in die Adressenrubrik einzutragen. Dann wurden die Karten während der Kollekte eingesammelt. Am Schluß des Gottesdienstes teilten Kinder die Postkarten wahllos wieder an der Kirchentür aus. Jeder bekam also die Karte eines anderen. Wir hatten dabei vereinbart, die so erhaltene Karte aus dem Urlaub, wo immer er auch verbracht wird – sei es zu Hause oder weit weg –, mit einem Feriengruß an die angegebene Adresse zu schicken. Die Karte sollte nicht nur einen kurzen Gruß enthalten, sondern ein wirkliches Zeichen der Verbundenheit sein. Leider kommt in den Gottesdiensten diese Verbundenheit oft nicht genug zum Ausdruck. – Die Anregung wurde gerne aufgegriffen. Und die meisten Karten erreichten die Empfänger.

Ich habe mir in letzter Zeit häufiger überlegt, ob ich die Zahl meiner Urlaubsgrüße nicht reduzieren sollte. Das kostet oft wertvolle Urlaubsstunden und geht unter Umständen auch ganz schön ins Geld. Aber ich gestehe, daß ich mich selbst über jede Ferienkarte, und wäre sie noch so kurz, wirklich freue. Denn da hat sich jemand an mich erinnert und will mir das zeigen. Und wieviel Umstände macht manchmal eine solche Karte, bis man Briefmarke und Karte und Schreibstift im Urlaub zusammen hat. Und dahinter steht bei einem Feriengruß nicht wie an Weihnachten eine Art gesellschaftlicher Druck, sondern einfach der Gedanke: Der oder die werden sich freuen, wenn ich an ihn oder an sie denke.

Wir leben doch alle von diesen kleinen Zeichen. Und Jesus, der den Menschen gut kennt, hat uns deshalb solche Zeichen, die uns zeigen, daß er an uns denkt, hinterlassen. Ich meine die Sakramente, sichtbare Zeichen, in denen Jesus uns seine Nähe und seinen Beistand zusagt.

Mag sein, daß einzelne es zunächst als unpassend empfunden haben, daß in einem Gottesdienst Adressen geschrieben wurden. Aber je mehr ich darüber nachdenke, um so mehr wird mir bewußt, daß dies *eine* Art war, das weiterzugeben, was wir selbst in jedem Gottesdienst empfangen dürfen: die Erfahrung, angenommen und bejaht zu sein. Der katholische Gottesdienst war früher reicher an solchen Zeichen und Symbolen. Manche freilich mögen in unserer Zeit nicht mehr verständlich gewesen sein. Aber nun müssen wir mühsam erst wieder Bilder und Symbole suchen, die jeder ohne viele Worte versteht. Denn ohne die Sprache der Zeichen wird nicht nur der Gottesdienst, sondern auch unser Leben ärmer. Wo Worte versagen, sprechen Zeichen immer noch. Denken wir nur an den Händedruck oder die Umarmung eines Menschen, der von großem Leid betroffen wurde. Wie schön auch, wenn Geschenke nicht nur einen Sachwert darstellen, sondern zum Ausdruck bringen, daß man überlegt hat, was dem anderen wirklich Freude machen könnte.

Eine schlichte Karte war es, und ich habe von vielen Seiten gehört, daß dadurch Freude gemacht wurde. Hoffentlich fallen mir auch an diesem Tag kleine Zeichen ein, die jeder versteht.

Von Nietzsche soll das Wort stammen: „Herr, gib mir Fernstenliebe, die Nächstenliebe ist zu anstrengend."
Es ist sicher ein gutes Zeichen unserer Zeit, daß wir uns verantwortlich fühlen für Notlagen in fernen Ländern und Erdteilen. Wir spenden, wenn ein Erdbeben Dörfer und Städte verwüstet, schicken Flugzeuge mit Lebensmitteln in die Sahelzone oder nach Rußland, protestieren gegen Unterdrückung von Minderheiten oder politisch Andersdenkenden in diesem oder jenem Land; wir leisten Entwicklungshilfe usw. Ob das alles in ausreichendem Maß geschieht, oder ob wir mehr tun könnten, ist eine andere Frage. Aber es geschieht, und das ist gut so. Wir spüren unsere Verantwortung. Fernstenliebe!
Machen wir aber nicht auch diese Erfahrung: Gleichzeitig kann es sein, daß wir in unserer engsten Umgebung unduldsam sind, Macht ausüben, egoistisch handeln, einander lästig sind. Junge Menschen, die sich für den Wald einsetzen oder für die Interessen der Ausländer bei uns, die gegen ein autoritäres Regime demonstrieren, sind unter Umständen zu Hause so aggressiv, daß den Eltern im eigenen Haus nicht mehr wohl ist. Und umgekehrt versuchen Eltern oft erst gar nicht, sich in ihre Heranwachsenden hineinzudenken. Ein Gespräch mit ihnen ist nicht möglich: Wer sich nicht einfügt, der soll gehen, heißt es da.
Ähnliches gibt es am Arbeitsplatz. Irgendwer ist immer noch unter einem, und das wird ausgenutzt. – Gegenüber Menschen, die einem nahestehen, mit denen man ständig umgeht, läßt man sich leichter gehen als gegenüber Fremden. Da nimmt man sich zusammen, man will guten Eindruck machen, imponieren. Für kurze Zeit läßt sich das ja auch durchhalten. Um so mehr möchte man sich gehenlassen können, wo man sich zu Hause weiß. Nächstenliebe kann erheblich schwerer sein als Fernstenliebe. Die Näch-

stenliebe wäre nicht so schwer, wenn der Nächste nicht so nahe wär'!

Ein Leben mit zwei Gesichtern? Draußen aufgedreht, unterhaltsam, liebenswürdig, hellwach; zu Hause wortkarg, abgespannt, auftrumpfend... Wer kennt nicht diese zwei Seiten bei sich selbst. Natürlich, man kann nicht ständig gesprächig und aufmerksam sein. Das hält keiner durch. Das ist auch nicht gemeint. Jeder braucht einen Bereich, wo er nicht gefordert ist, wo er sich entspannen kann, wo er nicht repräsentieren muß und keine Rolle zu spielen braucht. Das muß zu Hause möglich sein. Aber dürfen meine Stimmungen, darf mein Ärger zu Lasten derer gehen, die ich täglich um mich habe? Genügt es zu sagen: „So bin ich nun einmal, ich kann nicht aus meiner Haut?" Es wäre schon viel, den Ärger nicht unkontrolliert aus sich herauszulassen. Aber ihn einfach herunterschlucken, ist auch nicht gut.

Mir hat ein Ehepaar einmal erzählt, wie es das macht: Da gibt es in dieser Familie einen kleinen elfenbeinernen Elefanten. Wenn ein Partner lieber in Ruhe gelassen sein möchte, weil sonst nur Ärger aus ihm herauskäme, stellt er diesen Elefanten demonstrativ auf den Tisch. Das soll heißen: „Ich garantiere in der nächsten Stunde für nichts, ich bin mir selbst unerträglich, sei so gut, rühre nicht daran."

Ich fand das eine gute Idee. Ich möchte nicht mit Nietzsche sprechen: „Herr, gib mir Fernstenliebe, die Nächstenliebe ist zu anstrengend." Ich möchte lieber beten: „Herr, gib mir Liebe zu den Allernächsten, Fernstenliebe gelingt mir schon eher, sie ist leichter."

Eltern führen wir nicht

„Ein Ehepaar hastet vor dem Geburtstag der kleinen Tochter in ein Spielwarengeschäft und sucht ein Geschenk. Sie erklären: ‚Wir sind den ganzen Tag beruflich von zu Hause weg. Wir brauchen etwas, was die Kleine erfreut, sie lange beschäftigt und ihr das Gefühl des Alleinseins nimmt.' – ‚Tut mir leid', lächelt die Verkäuferin freundlich, ‚Eltern führen wir nicht.'" – Fast alles kann man erwerben, wenn man Geld hat. Die ausgefallensten Dinge. Aber eine Beziehung, die das Alleinsein nimmt, kann man nicht kaufen. Das gilt nicht nur für Eltern, die dem Kind alles zu schenken vermögen, was es begehrt, aber keine Zeit für es haben; die sich sozusagen loskaufen von dem Geschenk der Geborgenheit, das sie eigentlich zu geben hätten. Das Kind wird weithin allein sein und mehr und mehr mit den Geschenken auskommen müssen – und davon abhängig werden.

Das gilt ganz allgemein im Leben: Man kann andere Menschen eine Zeitlang an sich fesseln, wenn man sich freigebig zeigt, sie freihält. Freihalten – das Wort deckt etwas auf. Da wird jemand nicht frei gemacht, sondern freigehalten. Er selbst hält sich für frei, und der andere hält ihn in Wirklichkeit fest mit seinem Geld. Das ist eher ein Fesseln, keine echte Beziehung, keine befreiende Bindung, das ist Abhängigkeit. Es gibt viele fesselnde Beziehungen dieser Art: im Beruf – man muß ja schließlich Geld verdienen; in der Ehe – ich würde mich trennen, wenn ich mich versorgt wüßte; der Sohn gegenüber den Eltern – ich muß noch eine Zeitlang aushalten, sonst stimmen die Kohlen nicht. In all diesen Fällen halten nur Abhängigkeiten eine Art Beziehung aufrecht. Aber menschliche Beziehungen sind das nicht. Schon gar nicht hat das mit Freundschaft oder Liebe zu tun.

Ob ein Kind, das die Beziehung zu den Eltern, das die

liebende Umarmung und Geborgenheit vermißt hat, es nicht sehr viel schwerer hat, später an die Zuneigung anderer Menschen – erst recht an die Liebe Gottes zu glauben? „Eltern führen wir nicht“, sagt die Verkäuferin. Glauben und Vertrauen auch nicht. Wo wir das schenken und empfangen, geben und erhalten wir das Kostbarste. Vor allem Kinder und junge Menschen sind darauf angewiesen, in dieser Weise beschenkt zu werden. Und wir alle bleiben es ein Leben lang.

Erst in der menschlichen Beziehung, im Du-Sagen, findet der Mensch sein wahres Ich. Das Kind, das vorrangig Beziehung zu Sachen und Dingen anstatt zu Menschen, zu den Eltern, entwickeln kann – Beziehung zu Menschen braucht eben Zeit – dieses Kind ist um das Beste betrogen. Alte Menschen, deren Beziehungen sich mehr und mehr abbauen, weil die Verwandten und die gleichaltrigen Bekannten einer nach dem andern sterben, empfinden das als den stärksten Verlust. Und doch gibt es darunter viele, die sich nicht einsam fühlen, nicht verlassen: Sie zehren von früheren Beziehungen; sie haben dadurch die Fähigkeit erworben, solange es eben geht, geistige Beziehungen zu schönen Dingen aufrecht zu erhalten. Und sie leben vor allem aus der Beziehung zu dem großen Du, das Gott selbst ist. Seine Zuwendung zu jedem von uns ist so stark, daß sie will: Ich soll über den Tod hinaus bleiben, bei ihm sein.

Bildschirm oder Vater?

Bei Wochenendkursen mache ich gelegentlich folgende Übung: Ich nehme ein sogenanntes Piktogramm, eine Tafel, die verschiedene Symbolbilder enthält. In unserem Fall sind es 24 Bilder, die bestimmte Lebenswerte darstellen. Die Aufgabe besteht nun darin, von 24 Symbolen 20 zu streichen, auf die man am ehesten verzichten kann. Schnell entschließt man sich, das Radio und schließlich auch noch das Auto zu streichen. Ob man das freilich in der Praxis auch täte, ist noch eine ganz andere Frage. Wenn es dann aber um die letzten Dinge und Werte geht, die noch dranzugeben sind, beginnt das Stöhnen. „Ganz schön schwer", höre ich dann jedesmal. Kann ich auf Sympathie und Liebe, auf Hoffnung, auf Gesundheit verzichten? Auf was möchte ich zu allerletzt verzichten? Auf was nie?

Ähnlich wurden, wie ich in einer Zeitungsnotiz las, Kinder in den USA befragt, was sie eher entbehren könnten: den Bildschirm oder den Vater. Kinder überlegen nicht lange, sondern antworten spontan. So antworteten 33 %, daß sie lieber auf den Vater verzichten würden. Wahrscheinlich, weil der ohnedies nur spät am Abend zur Verfügung steht, wenn überhaupt. Und selbst wenn der Vater zu Hause ist, ist er vielleicht längst nicht so unterhaltsam wie der Bildschirm. Des Fernsehens aber kann man sich bedienen, wann immer man will. Und hat dazu noch die Auswahl unter mehreren Programmen. Mit dem Fernsehen kann man neuerdings sogar spielen und Schlachten gewinnen. Welcher Vater läßt sich schon stundenlang so beanspruchen?

Apparate statt Menschen! Wir erleben, wie Computer den Menschen vom Arbeitsplatz verdrängen. Da besteht immer noch die Hoffnung, daß schließlich Menschen mehr Zeit füreinander oder für sich haben, weil Maschinen für sie arbeiten. Arbeitszeitverkürzung ist darum ernsthaft im Gespräch. Vielleicht kann dann der Vater, die Mutter zwei Stunden früher zu Hause sein. Ob die dann aber den Kindern zugute kommen, ist die Frage. Vielleicht müssen Maschinen auf die Dauer auch noch menschliche Zuwendung ersetzen. Streicheln zum Beispiel. Was aber tut dann der Mensch? Vielleicht die Apparate bauen, die den Kindern

diese Zuwendung schenken. Oder Apparate, die die nun gewonnene Zeit „vertreiben“. Denn nun könnte das Fragespiel von vorne beginnen: Was kann ich eher entbehren: Arbeit oder Langeweile? Mir scheint es keineswegs sicher, daß wir die so gewonnene Zeit nutzen, um füreinander dazusein.
Bildschirm statt Vater. Vielleicht nimmt uns der Bildschirm oder der Computer eines Tages auch die Entscheidung ab, welche Werte am ehesten fallengelassen werden können. Die Bildschirmwerbung versucht uns ja bereits zu suggerieren, was wir dringend zum Leben brauchen, was wir genießen oder anziehen müssen, um mehr vom Leben zu haben. Eine Werbung für menschliche Zuwendung habe ich noch nicht gesehen. Da gibt es nichts zu verdienen. Aber nichts brauchen wir nötiger. Das Wort „werben“ meint ja ursprünglich, sich um einen Menschen bemühen, um seine Sympathie. Ich möchte mich da nicht auf die Werbung und den Bildschirm verlassen. Vielleicht versucht mancher Vater schon, werbend die Konkurrenz mit dem Fernsehen aufzunehmen – was die Zuneigung der Kinder anbetrifft.

Einander An-sehen schenken

Der Schriftsteller Rudolf Kirsten hat uns die folgende geistreiche Tiergeschichte überliefert: „Ein Adler hörte viel Schönes von der Nachtigall und hätte gern gewußt, ob das auch alles stimme. Darum schickte er zwei Boten aus: den Pfau und die Lerche; sie sollten das Federkleid der Nachtigall betrachten und ihren Gesang belauschen. Nach ihrer Rückkehr sprach der Pfau: ‚Als ich ihren erbärmlichen Kittel sah, da war ich so enttäuscht, daß ich ihren Gesang gar nicht mehr gehört habe.‘ Die Lerche dagegen berichtete: ‚Ihr Gesang hat mich so begeistert, daß ich vergaß, auf ihr Federkleid zu achten.'"

Ich denke, keiner von uns ist in seinem Urteil über einen anderen Menschen ganz unabhängig von dem äußeren Eindruck, den dieser macht. Der erste Eindruck kann in der Tat viel aussagen. Wenn ich aber bei den Äußerlichkeiten stehenbleibe – etwa bei den verrückten Frisuren Jugendlicher oder der ärmlichen Kleidung sogenannter Asozialer –, wenn ich davon das Urteil über einen anderen bestimmen lasse, verfehle ich diesen Menschen.

Es gibt viele Äußerlichkeiten, für die ein Mensch nichts kann. Eine kleine Gestalt, schütteres Haar, Kurzsichtigkeit, Mißbildung, ein Sprachfehler usw. Ja schon ein Schnupfen läßt einen Menschen anders erscheinen als in seinen gesunden Zeiten.

Es gibt ein altes Sprichwort: Was man auch wahrnimmt, es wird auf die Art und Weise wahrgenommen, wie man selbst ist. Der Pfau sah alles durch die Brille seines prächtigen Äußeren. Die Lerche – unansehnlich nach außen hin, aber dafür selbst mit einer wunderschönen Stimme begabt – erkannte neidlos in einem anderen unscheinbaren Vogel, der Nachtigall, deren Begabung, worin ihr so leicht kein anderer Vogel gleichkommt.

An der Art und Weise, wie ich einen anderen sehe, erkenne ich mich selbst. Sehe ich zuerst das Gute oder fällt mir sofort etwas ein, das ich zu bemängeln habe? Sehe ich schließlich vielleicht überhaupt nur noch diese Mängel und Fehler? Natürlich hat jeder seine Fehler. Und einem wachsamen Auge kann das nicht entgehen. Es wäre auch unsinnig, die Augen davor zu verschließen. Aber wenn ich darüber hinaus nicht noch in jedem etwas Gutes und Schönes entdecken kann, ist mein Blick krank, unwahr. Und das sagt etwas aus über mich. „Ist dein Auge krank, ist dein ganzer Körper finster", sagt die Bibel (Mt 6,22). Wenn ich an meinem Auge Schäden entdecke, gehe ich zum Augenarzt. Wenn ich entdecke, daß mein inneres Auge getrübt ist und ungerecht wird, könnte ich mir ein Licht aufstellen lassen von dem, der jeden von uns wohlwollend ansieht. Er erkennt in jedem etwas Gutes. Er schaut nicht auf das Äußere, sondern auf das Herz. Und selbst dann noch, wenn das Herz voller Mißgunst und Finsternis ist, gilt das Wort der Bibel: „Wenn euer Herz zum Ankläger gegen euch wird, dann ist Gott größer, und er weiß alles" (1 Joh 3,20). Er erkennt und hört auch noch die schwache Stimme des guten Willens, die in jedem Menschen vernehmbar ist. Und ich glaube, daß er deshalb vieles, was uns Menschen verübeln und was wir anderen verübeln, anders sieht.

Das ermutigt mich zu mir selbst. Wo wir einander in ähnlicher Weise ansehen, schenken wir einander An-sehen. Davon leben wir. Ein guter Blick kann – um zur Tierparabel zurückzukehren – buchstäblich Menschen, die sich nichts zutrauen, zum Singen bringen; das heißt Schönes und Gutes aus ihnen hervorlocken, das sonst für immer versteckt geblieben wäre.

Schenken macht nicht ärmer

„Ein Bauer hatte einen Brunnen mit kaltem, köstlichem Wasser, der nie austrocknete. Selbst bei der größten Dürre gab er Wasser. Später wurde das Bauernhaus an eine moderne Wasserleitung angeschlossen. Der alte Brunnen blieb jahrelang ungenützt, verschlossen. Als der Bauer eines Tages neugierig wurde und nachsah, war der Brunnen total ausgetrocknet. Es dauerte lange, bis er den Grund wußte: Ein solcher Brunnen wird von hunderten winziger Bäche gespeist, die unter der Erde für den ständigen Wasservorrat sorgen. Die winzigen Öffnungen der vielen Bächlein bleiben rein und offen, wenn immer wie-

der Wasser abgeschöpft wird. Wird ein solcher Brunnen aber nicht mehr benutzt, dann versiegen die Bäche."
Ich weiß nicht, ob das in jedem Fall so stimmt. Aber es gibt offenbar Ordnungen, Gesetzmäßigkeiten, die sich überall in der Wirklichkeit wiederholen. Was vom Erdreich und dem Grundwasser gilt, scheint auch vom Menschen zu gelten. Ein Arzt sagte mir, daß hormonelle Drüsen aufhören, die entsprechenden Hormone zu produzieren, wenn diese von außen dem Körper zugeführt werden. Und Muskeln, die nicht ständig trainiert werden, erschlaffen und verkümmern. Und das gilt ebenso für den geistigen Bereich. Aus hunderten von Quellen speist sich unsere menschliche Erkenntnis, werden Wille und Gemüt motiviert. Und offenbar werden diese Kräfte immer stärker, fließen ihnen ständig neue Erkenntnisse und Einsichten und Fähigkeiten zu, je mehr einer davon weiterschenkt, um andere zu bereichern.
Mir wird manchmal Angst vor einer Haltung, die nur aufnehmen, empfangen will. Das Kind will Märchen hören. Auch selbst lesen. Aber wer liest ihm vor? Wer spricht mit ihm über das Gelesene? Musik wird heute viel gehört; die Sportsendung im Fernsehen von Millionen verfolgt; aber wer macht selbst Musik oder treibt selbst Sport? Ehepartner lesen unterschiedliche Bücher, aber zum Austausch über das Gelesene entschließen sich wenige.
Wenn ein Brunnen nicht genutzt wird, dann versiegen die Zuflüsse. Das kleine Kind lernt am besten durch die Übung. Das beginnt beim Laufen, beim Sprechen, setzt sich fort im Lernen, im Einüben von Rücksichten auf andere, im Beherrschen eigener Launen und Schwächen, in der Selbstverständlichkeit des Weiterschenkens, im Einüben auch des Neinsagens zu dem, was alle tun. Viele beklagen sich, daß sie nicht beten können, aber es fehlt oft nur an der Einübung, am Tun. Durch den ständigen Gebrauch der Kräfte entstehen Fähigkeiten, Fertigkeiten. Und das ist genau das, was das verpönte Wort Tugend meint. Wer

etwas eingeübt hat, ständig vollzieht und weitergibt, kann aus dem vollen schöpfen, aus der Tiefe. Es bildet sich eine Art Grundwasser an guten Gewohnheiten, aus denen man mit Leichtigkeit schöpfen kann. Und sobald Menschen merken, daß bei einem anderen in diesem Sinne „etwas zu holen ist", daß man bei ihm immer reicher wird, daß man dort bedient wird, schöpfen kann, wird ein solcher Mensch mehr und mehr „angezapft". Aber er wird dabei nicht ärmer. Das alte Sprichwort „Geben armet nicht" sagt das schon. Nur sehe ich das jetzt in einem viel umfassenderen Sinn. Mir ist aufgegangen, was das folgende Bibelwort (Lk 6,38) bedeutet: „Gebt, dann wird euch gegeben werden. In reichem, vollem, gehäuftem, überfließendem Maß wird man euch beschenken; denn nach dem Maß, mit dem ihr meßt und zuteilt, wird euch zugeteilt werden." Hier geht es offenbar nicht nur darum, daß Gutes auch wieder mit Gutem vergolten wird, sondern daß das Geben, daß jeder Gebrauch der Fähigkeiten und Fertigkeiten seinen Segen in sich selbst trägt. Werden aber die Fähigkeiten nicht genutzt, verschließe ich mich nach außen, dann verschließe ich damit auch die Quellen, aus denen ich lebe.

Wie soll man es recht machen?

Das Deutsche Fernsehen gab mir eine Zuschrift zur Beantwortung weiter. Da schrieb jemand: „Liebes Wort zum Sonntag! Könnten Sie bitte einmal etwas über das Alleinlassen im richtigen Augenblick sagen. Da hieß es in einer Sendung: ‚Ist einer allein, so setze dich zu ihm', aber wenn einer einmal nun doch allein sein möchte! Manche Menschen wollen einen ständig unterhalten, sie meinen es zweifellos gut, aber wenn es einem nun gerade nicht nach Rede und Unterhaltung zumute ist?"

Soweit der Brief. Ich mußte beim Lesen sofort an die viel größere Zahl anderer Menschen denken, die ganz gegenteilige Erfahrungen machen und etwa klagen: Ich wäre ja heilfroh, wenn einmal jemand nach mir sähe. Ich bin den ganzen Tag allein, zu mir kommt keiner!

Ja, wie soll man es nun recht machen? Da möchte man jemanden *nicht* allein lassen, opfert eine Stunde – und kommt ungelegen; oder man möchte nicht aufdringlich sein und bleibt weg – und es ist wieder verkehrt. Oft sind ja schon in einer Familie die Interessen ganz unterschiedlich: Er war den ganzen Tag unter Menschen und sucht am Abend die Ruhe. Sie war den ganzen Tag in ihren vier Wänden und braucht das Gespräch, braucht den Kontakt zum anderen Menschen. Es ist offenbar gar nicht so einfach, das Richtige zu treffen, wenn man es mit jemandem gut meint. Darum geben auch so viele auf und sagen sich: „Man wird ja doch nur mißverstanden, am besten nichts tun, um nichts falsch zu machen."

Aber das wäre der Tod der Liebe. Das Geheimnis wird immer sein, sich in den anderen hineinzudenken, von ihm auszugehen. Wer das vermag, der liebt wirklich – und das ist etwas ganz anderes als Mitleid. Wer liebt, der wird mit einer fast traumwandlerischen Sicherheit das Rechte treffen; selbst wenn es einmal nicht das Richtige wäre, würde der andere die Liebe spüren und dafür dankbar sein.

Auch die beiden Menschen, die sich beschweren – der Besuchte und der Alleingelassene – müßten lernen, in gleicher Weise vom anderen her zu denken. Der Besuchte dürfte nicht nur an sein Bedürfnis denken, alleinbleiben zu wollen; vielleicht braucht der *andere* in diesem Augenblick einen menschlichen Kontakt, einen Partner, der einmal zuhört. Und der Alleingelassene sollte vielleicht nicht warten, bis jemand zu ihm kommt, bis er Liebe erfährt, er sollte ihr zuvorkommen und selbst Wege suchen, Liebe zu geben. Vielleicht warten andere auf ihn, während er selbst auf andere wartet. Man sagt heute so oft, daß es an der

Liebe unter den Menschen fehle. Ich glaube, daß es damit nicht schlechter und nicht besser bestellt ist als zu jeder anderen Zeit. Die meisten Menschen wollen dem anderen gut sein. Die Schwierigkeit beginnt erst damit, daß sie es nicht zeigen können oder nicht zu zeigen wagen. Wir Menschen sind so verschlossen voreinander; die wenigsten trauen sich, Hilfe anzubieten; viele wagen es auch nicht, sie zu erbitten. Oft müßten nur Einsamkeit und menschliche Nähe, Not und Hilfe einander zugeordnet werden; sie liegen möglicherweise ganz nahe beisammen und finden doch nicht zueinander. Da wohnt im Parterre vielleicht die junge Familie, die keinen Abend ausgehen kann, weil sie das kleine Kind nicht allein zu Hause lassen darf, und sie kennt niemanden, den sie um die Beaufsichtigung bitten könnte. Und da ist zwei Etagen darüber die alleinstehende Frau, der man keinen größeren Gefallen tun könnte, als ihr neben dem Beruf noch eine solche kleine Aufgabe zu geben. Beiden wäre geholfen, wenn sie nur zusammenfänden.
Wenn wir Menschen nur das fertigbrächten: an der rechten Stelle zu schweigen und an der rechten Stelle ein Wort zu sagen. Man sollte meinen, es gäbe nichts Leichteres, aber ich glaube, es gibt kaum etwas, das schwerer ist.

Gott finden in allen Dingen

Wenn das Herz brennt

Wie komplex sind doch die Wahr-nehmungen unseres Lebens. Wie schwer ist es, Menschen richtig zu kennen und zu erkennen, oder sie gar zu durchschauen – was nicht einmal gut wäre. Und wie vieldeutig können Worte sein, wie doppelbödig Sätze. Was sagt ein vielsagender Blick wirklich? Die Realität ist jedenfalls mehr, als was wir auf den ersten oder zweiten Blick erkennen.
Und es gibt Dinge, die noch komplexer sind: das Leben – ist es sinnvoll oder sinnlos? Was ist Wahrheit? Was ist gerecht? Und vor allem: Gibt es Gott? Wie ist er?
Vieles nehmen wir nur wahr, wenn wir ein Interesse daran haben. Man darf nicht nur nach draußen schauen, sondern muß auch in sich hineinschauen, hineinhorchen; dem Blick und der Stimme des Herzens vertrauen. Vordergründig leben, nur naturwissenschaftlich Bewiesenes gelten lassen, nicht damit rechnen, daß Gott mich in allen Dingen ansprechen kann, das läßt unser inneres Auge und Ohr untauglich werden. Es gilt, den Staubschleier des Alltäglichen wegzuwischen, dann beginnen die alltäglichsten Dinge zu leuchten und zu sprechen – wie bei Mose der unscheinbare Dornbusch (vgl. Ex 3). Alles hat einen doppelten Boden, ein Äußeres und ein Inneres. Und in allen Dingen und Begegnungen kann Gott uns ansprechen, uns etwas sagen. Für Jesus wurden alle Dinge zu einem Gleichnis für eine tiefere Wahrheit, für das Reich Gottes.
Mich beeindruckt immer wieder der biblische Bericht von den zwei Jüngern, die nach Emmaus gehen (Lk 24,13 ff).

Der Auferstandene und deshalb Veränderte geht mit ihnen, spricht mit ihnen. Aber sie erkennen ihn nicht. Darüber wird es Abend. Sie laden ihn ein, er ißt mit ihnen. Da gehen ihnen die Augen auf, und sie erkennen ihn. In diesem Augenblick kommt ein Er-innern. Ihr Inneres sieht und hört, was sie drei Tage zuvor mit ihm erlebt haben beim Abendmahl. Und sie sagen: „Brannte nicht unser Herz, als er mit uns ging und uns die Schrift erschloß?" Ein Brennen und Aufleuchten des Herzens, das ist das innere Sehen und Hören. Und dazu gehört, wie oben gesagt, ein inneres Interesse. Der Liebende und der Glaubende sehen nichts anderes als andere auch – aber sie sehen es anders. Das Herz hört besser, spürt feiner, ist sicherer und schneller als der Verstand. Der hinkt oft nach, muß im Erinnern, im Nach-denken mühsam begreifen, was uns längst schon ergriffen hat.

Brennt uns nicht das Herz, so fragen Menschen, die endlich Frieden gewinnen, obwohl ihnen alles zerbricht; die Hoffnung haben in auswegloser Lage; die – selbst am Boden liegend – andere trösten; die nach Jahren der Schuld und des Zweifelns Fügung und Führung erkennen, wo nur Sinnlosigkeit und Vergeblichkeit zu sein schienen.

Darüber aber kann es – wie bei den Emmausjüngern – Abend werden. Auch dunkelschwere Nacht kann der Schlagschatten Gottes sein. Irdisches Licht kommt erst im Dunkeln zum Leuchten. Aber auch das innere Licht leuchtet oft erst auf, wenn es um uns dunkel, undurchsichtig geworden ist. Wenn unser Herz brennt, geht Gott mit uns die Straße des Lebens. Aber mancher erreicht Emmaus, den inneren Durchblick, erst bei äußerer Nacht. Doch wie heißt es im Bericht des Lukasevangeliums (24,31): „... und sie erkannten ihn; dann sahen sie ihn nicht mehr." Derartige Erhellungen und Durchblicke ertragen wir offenbar immer nur für kurze Zeit.

Man kann einen Tag und seine Ereignisse einfach nehmen, wie sie sind: schlafen, arbeiten, essen, entspannen. Man kann aber auch dem Tag und den Dingen, die einem begegnen, eine Seele geben; hinter die Dinge schauen, in die Tiefe gehen.

Jedes Ding hat nämlich so etwas wie einen doppelten Boden. Es ist zunächst das, was es ist, aber es bedeutet darüber hinaus weit mehr, als es ist. Nehmen wir beispielsweise einen Schlüssel. Neulich hatte ich einen Schlüsselbund verloren. Da erst wurde mir richtig bewußt, was so ein Stück Metall eigentlich bedeuten kann. Es kann öffnen, und es kann schließen, beides brauchen wir. Aber ohne dieses Instrument bin ich eingeschlossen oder ausgeschlossen. Wer hat nicht schon vor oder hinter einer verschlossenen Tür gestanden? Manchmal hilft dann nur, ein Fenster einzuschlagen.

Aber auch zu geistigen Dingen brauchen wir Schlüssel. Ein Musikstück kann ich nur verstehen, wenn ich einen Zugang habe; also muß es mir jemand erschließen. Ähnlich ist es mit jedem Wissen: Wir lernen, damit sich uns ein Sachgebiet erschließt, und damit ich später Zugang zu einem mir zusagenden Beruf habe.

Weit schwieriger ist es, wenn Menschen sich verschließen, sich einigeln und keinen an sich heranlassen. Vielleicht sind sie enttäuscht, weil jemand ihre Offenheit mißbraucht hat. Sie legen gleichsam die Kette vor und unterhalten sich mit anderen nur durch den Türspalt, damit niemand auch nur den Versuch macht, an sie heranzukommen. Da kann man keine Fensterscheibe einschlagen. Wo jemand den Versuch macht, gewaltsam in einen anderen einzudringen, zerstört er dessen Persönlichkeit. Der andere muß mir selbst den Schlüssel reichen, wenn ich ihm in seinem Inneren begegnen soll. Manchmal werde ich ihm

einen Gefallen tun, wenn ich ihm dann mit aller Vorsicht helfe, sich zu öffnen.
Es gibt Menschen, denen öffnet man sich leichter. Das sind meist selbst offene, aufgeschlossene Menschen. Eigene Offenheit kann auch den anderen öffnen und damit aus seiner Enge befreien.
In der Bibel wird der Schlüssel oft als Symbol für Befreiung und Offenheit gebraucht, für das Lösen von Schuld und falschen Bindungen. Da ist vom Schlüssel des Himmelreiches die Rede. In diesem Sinn wird Petrus mit dem Schlüssel abgebildet. Er soll im Auftrag Jesu den Weg zum Himmel erschließen helfen. Letztlich aber ist es Christus selbst, der uns den Weg zum Vater ein für allemal erschlossen hat. Was wüßten wir ohne ihn von der befreienden Botschaft des Glaubens? Er erschließt uns den Weg zum anderen und zu Gott.
Brauche ich einen Schlüssel auch zu mir selbst? Gibt es in mir, in meinem Wesen nicht auch Dunkelkammern, in die ich nie eingetreten bin? Der Schlüssel zu meinem Inneren liegt aber letztlich nicht bei mir selbst. Er muß mir von außen gereicht werden, vielleicht von einem Menschen, der mir in Liebe das eigene Ich erschließt. Für mich kommt dieser Schlüssel letztlich von Gott her; ohne ihn und meinen Glauben an ihn bliebe ich mir selbst ein Rätsel, bliebe mir der letzte Sinn meines Lebens verschlossen.
Wo ordne ich mich selbst ein: Unter den eher verschlossenen oder den offenen Menschen? Offen für die Schönheit der Welt, für die anderen, für Gott? Was könnte ich als den Schlüssel zu meinem Leben ansehen? Was erschließt mir den Sinn des Ganzen? Gibt es Ereignisse und Erfahrungen, die mir das Tor zu Gott geöffnet haben? Und was kann ich tun, um mich mehr zu öffnen? Mein ganzes Leben würde dadurch reifer und reicher.

Es gibt Dinge, mit denen wir täglich umgehen, und die doch nicht nur Gebrauchswert haben. Manche haben einen tiefen Symbolwert, der uns in die eigene innere Tiefe führen kann und Ruhe und Entspannung mit sich bringt.
Beispielsweise das Wasser. Es ist eben nicht nur zum Waschen da oder zum Durstlöschen. Ohne Wasser gibt es kein Leben auf Erden, kann nichts wachsen und gedeihen. Andererseits können Wassermassen Dämme brechen und Vernichtung und Tod bringen.
Wer sitzt nicht gern an einem stillen See oder an einem plätschernden Gebirgsbach? Keiner kann sich dem Eindruck der kommenden und gehenden Wellen am Meer entziehen. Da spricht uns etwas an; das alles hat uns etwas zu sagen, hat eine tiefe Bedeutung über den praktischen Gebrauch hinaus. Sagen nicht Menschen in Not, daß sie sich nur mühsam über Wasser halten können? Man kann einem „das Wasser abgraben", oder es kann einer „mit allen Wassern gewaschen sein". Und wer sich einem anderen unterlegen fühlt, sagt, daß er ihm „nicht das Wasser reichen" kann. Es gibt sehr viele solcher Redensarten, die durch das Symbol des Wassers sprechen.
Was beeindruckt uns eigentlich so an einer Quelle, am Regen, an einem Wasserfall, am rauschenden Meer? Ist es das unterbewußte Erleben der ständig fließenden Zeit? Und was beeindruckt andere an einem See, an einem tiefen Brunnen? Ist es die Erfahrung der Stille, der unergründlichen Tiefe, die wir mit allem Nachdenken nicht ausloten können?
Wasser bedeutet Leben. Deshalb wird Gott in der Bibel als der Quell lebendigen Wassers genannt, und die Aufnahme in die Jüngerschaft Jesu geschieht in der Taufe im Zeichen des Wassers. Jesus spricht: „Wer Durst hat, komme zu mir,

und es trinke, wer an mich glaubt, wie die Schrift sagt: Aus seinem Inneren werden Ströme von lebendigem Wasser fließen" (Joh 7,37f). Ich denke, diese Ströme von lebendigem Wasser kann man an Menschen erfahren, die wirklich aus dem Glauben leben, die an die Quelle gebaut haben. Viele in ihrer Umgebung erfahren in eigener Dürre und Trockenheit neue Lebenskraft durch sie. Ich kenne solche Menschen; aber nicht jeder, der aus den Quellen des Glaubens lebt, kann auch andere beleben.
Manchmal erlebe ich die belebende Kraft des Wassers bewußter: beispielsweise wenn ich mit ausgedorrter Kehle trinke, oder wenn ich verschwitzt unter die Dusche gehen kann. Dann bleibt es nicht bei dem oberflächlichen Gebrauch, dann erfüllt mich Dankbarkeit. Wie gut das tut! – Wasser ist eine Kostbarkeit; was wir an ihm entbehren, merken wir erst, wenn die Wasserleitung abgestellt wird. Und mancher muß erst nach dem Sinn des Lebens gedürstet haben, bevor er im Glauben den Lebensquell sucht. Übrigens: Um an die Quelle zu kommen, muß man gegen den Strom schwimmen. Das kann schon dadurch geschehen, daß man die ganz alltäglichen Dinge nicht nur benutzt, sondern sich von ihnen ansprechen läßt. Zum Beispiel vom Wasser.

Der Brunnen in mir

Zu den Verrichtungen eines jeden Morgens gehört das Waschen. Wir drehen den Wasserhahn auf, und das Wasser läuft. In einfachen Ferienhäusern und Berghütten gibt es oft noch keine Wasserleitungen, da muß man noch mühsam das Wasser aus einem Brunnen heraufholen. Und in alten Burgen wird vielfach noch ein bis sechzig und mehr Meter tiefer Brunnen gezeigt, der lebenswichtig für die

Bewohner war. Ohne Wasser geht es nun einmal nicht. Aber weshalb sind Menschen, vor allem Kinder, immer wieder von derartigen Brunnen beeindruckt? Sie lassen kleine Steinchen hineinfallen, um etwas von der großen Tiefe zu erahnen. Ich gestehe, daß auch mich Brunnen faszinieren. Alle Dinge haben uns etwas zu sagen. Sie müssen nur zu Wort kommen, wir müssen uns der Geheimnistiefe und Sinnfülle der Dinge öffnen. Vielleicht ist es gerade der Brunnen, der uns ahnen läßt, wie tief – und weithin auch wie dunkel – das eigene Ich ist. Die Welt um uns wird mehr und mehr erforscht – bis hin zu den nächsten Planeten. Unseren Erdtrabanten, den Mond, haben wir bereits besucht, erfahren, im wörtlichen Sinne: Wir sind mit dem Raumschiff hingefahren. Und jetzt ist der Mars an der Reihe. Aber die eigene Tiefe bleibt uns selbst weithin fremd, rätselhaft, erst recht die der anderen. Wer kennt sich schon selbst? Je tiefer wir ins eigene Innere blicken, um so mehr kommen wir ins Staunen, daß wir da nie an ein Ende kommen. Ich rechne mit unendlicher Ferne nicht nur im Weltall, sondern auch mit einer unendlichen Tiefe in einem jeden Menschen. Beide Wege können uns zum Unendlichen, zu Gott, führen. Wenn wir uns die Zeit nehmen, wirklich zu uns selbst zu kommen, in uns herabzusteigen.

„Zu einem Einsiedler kamen eines Tages Menschen und fragten: ‚Was für einen Sinn siehst du in einem Leben der Stille?‘ Der Mönch war eben damit beschäftigt, Wasser aus einer tiefen Zisterne zu schöpfen. Er sagte zu den Besuchern: ‚Schaut in die Zisterne, was seht Ihr da?‘ Die Leute blickten in den tiefen Brunnen und sagten: ‚Wir sehen nichts.‘ Nach einer kurzen Weile forderte der Einsiedler die Leute wieder auf: ‚Schaut jetzt in die Zisterne, was seht Ihr?‘ Die Leute blickten wieder hinunter und sagten: ‚Jetzt sehen wir uns selber.‘ Der Einsiedler sprach: ‚Als ich vorhin Wasser schöpfte, war das Wasser unruhig, jetzt ist das Wasser ruhig. Das ist die Erfahrung der Stille: Man sieht sich selbst.‘“

Die Bibel spricht im zweiten Petrusbrief von Menschen, die wie Quellen ohne Wasser sind (vgl. 2 Petr 2,17). Sie will damit wohl sagen, daß diese Menschen, deren Quellen im Brunnen des eigenen Herzens versiegt sind, aus der eigenen Tiefe kein belebendes Wasser schöpfen können. Jeder von uns fühlt sich gelegentlich leer, trocken. Brunnen trocknen aus, wenn nicht immer wieder Wasser aus ihnen geschöpft wird und so die kleinen Äderchen, in denen das Wasser nachfließt, offen bleiben. Es lohnt sich also, in der Stille zu sich selbst zu kommen und aus den Grundwassern des Lebens zu schöpfen. In den letzten Tiefen des eigenen Ich – meine ich – sind die Menschen sehr ähnlich in ihren Hoffnungen und Erwartungen. Der Weg in die eigene Tiefe führt darum auch zum anderen.

Kraft aus den Wurzeln

Bei einem Glaubenswochenende wurde als Aufgabe genannt, sich einen Baum vorzustellen und diesen Baum zu malen: kahl oder belaubt, Laub- oder Nadelbaum, was jeder vor sich sah. Es kam nicht auf das an, was Psychologen aus einer solchen Zeichnung folgern. Es ging darum, bewußter zu sehen und zu deuten, was ein Baum uns sagen kann. Der Baum als Symbol für die eigene Existenz, für Leben und Wachstum, für Veränderung, für Entstehen und Sterben. Eine Frau schrieb mir später, der Baum sei zum Symbol ihres Lebens geworden. Wenn wir uns von den Dingen ansprechen lassen, haben sie uns etwas zu sagen; wir können uns darin erkennen.
Ich habe einmal ein Gedicht gelesen, das brachte folgenden Gedanken zum Ausdruck: Wenn die Bäume uns Menschen sehen, dann haben sie Mitleid, weil Menschen keine

Wurzeln haben und deshalb ständig hin- und hergetrieben werden.
Wer von uns möchte schon Nomade sein, ohne festen Wohnsitz. Andererseits möchten wir nicht mit einem Baum tauschen. Es ist furchtbar für einen Menschen, wenn er sich nicht bewegen kann, wenn er an Raum und Ort gebunden ist; aber auch wenn er seinen geistigen Standort nicht ändern kann. Andererseits braucht jeder Mensch einen festen Standpunkt. Er sollte nicht von jeder Meinung und jeder Zeitströmung hin- und hergeworfen werden. Sonst wird er zu einem schwankenden Rohr, wie Jesus es einmal nennt.
Interessant war bei diesem Wochenende, daß die meisten Bäume ohne Wurzeln gemalt wurden. Verständlich, man hat das gemalt, was man von einem Baum sehen kann. Aber ein Großteil jedes Baumes ist unsichtbar. Und gerade aus dem, was wir nicht sehen, bezieht er das meiste seiner Kraft. Ist das bei uns anders? Herzschlag und Atmung geschehen unbewußt. Und erst recht sind unsere tiefsten geistigen Kräfte und Wurzeln unsichtbar, oft unbewußt. Vielleicht können wir sagen: Das meiste von uns ist verborgen, und doch leben wir davon. Sind die Wurzeln, die in unsere Kindheit zurückreichen, schwach und krank, dann mögen andere vielleicht denken, „das ist ein Kerl wie ein Baum“, aber wir wissen dann selbst, daß wir schwach sind und auf welch schwankendem Boden unser Leben aufruht. Die herrliche Krone des Baumes, das bunte, wechselnde Laub, all das lebt von dem, was dem Baum über die Wurzeln und über die Blätter an Nahrung und Licht zukommt. Ohne all das müßte jeder Baum verdorren.
Wie der Baum lebt jeder Mensch nicht aus sich selbst, sondern aus den vielen Adern und Kanälen, in denen uns über andere Menschen, über Erziehung und Bildung zufließt, was unserem Leben Halt gibt. Lösen wir uns von diesen Kräften, werden wir bald dürr und hohl. Sagt man nicht

von alten Menschen, daß man sie nicht mehr verpflanzen sollte? Mir ist bei dieser Überlegung erneut klar geworden, wie furchtbar die Vertreibung von Familien und Völkern für die Betroffenen sein muß; und ich denke manchmal, daß auch die freiwillige Entwurzelung von Familien aus anderen Lebensräumen, um anderswo bessere Arbeitsbedingungen zu finden, nicht in jedem Fall von Segen ist.

Der Psalm 1 spricht von einem Menschen als von einem Baum, der an Wasserbächen gepflanzt ist. Zur rechten Zeit bringt er seine Frucht, und seine Blätter welken nicht. Gemeint ist ein Mensch, dessen Wurzeln in die tiefen Quellgründe der eigenen Tradition, der Sippe, des Glaubens hinabreichen. Einen Baum kann man nur verpflanzen mit möglichst viel Mutterboden und möglichst viel Wasser. Menschen sind beweglich, Gott sei Dank; aber entwurzelt verkümmern auch sie. Ich habe Mitleid mit allen, die – vielleicht in früher Jugend – aus gewachsenen Bindungen herausgerissen wurden und nun haltlos an den Rand unserer Gesellschaft getrieben werden, in ständigem Konflikt mit den fest Verwurzelten, mit den Etablierten, wie man dieses Wort heute gern übersetzt. Wer wagt da zu urteilen und einen Stein zu werfen?

Zeige mir deine Wege

Kaum, daß ich aufgestanden bin, werfe ich einen Blick aus dem Fenster. Wie ist das Wetter? Der Blick auf die Straße zeigt mir, ob es geregnet hat. Wie oft bin ich diese Straße, diesen Weg schon gegangen. Wege verbinden, führen auf ein Ziel hin, sonst wären sie sinnlos. Wenn bei einer Wanderung ein Weg plötzlich endet, fühlen wir uns genarrt und müssen einen anderen, eigenen suchen. Vor allem

junge Menschen wollen nicht auf den ausgefahrenen asphaltierten Straßen der Älteren gehen, sie wollen neue Wege ausprobieren. Jeder von uns kennt dieses Problem: Ein Weg scheint klar vorgezeichnet, zum Beispiel für den heutigen Tag. Es ist ziemlich festgelegt, welche Schritte ich zu tun habe, aber dann kommt plötzlich eine Änderung: Ein neuer Termin schiebt sich dazwischen, oder ein geplanter Weg erweist sich als ungangbar. Es ist wie vor einer Weggabelung: Welchen Weg schlage ich ein, welcher führt am besten zum Ziel? Politiker fragen sich, ob der Frieden am besten durch Rüstung oder durch Wehrlosigkeit zu erreichen sei. Und im eigenen kleinen Bereich haben wir ständig Entscheidungen zu fällen und wissen oft nicht, ob ein Weg nicht in einer Sackgasse endet. Den Weg verfehlen heißt: das Ziel verfehlen. Ich kann mir nicht jeden Weg offenhalten, ich muß mich entscheiden. Einfach stehenbleiben und besinnen? Selbst in diesen Besinnungspausen läuft mein Lebensweg bereits weiter, ich bin immer unterwegs, ob ich ruhe oder schaffe.
Ganz entscheidend, welchen Weg ich wähle, wird es beispielsweise bei der Berufswahl, bei der Partnerwahl. Wenn ich nur wüßte, welcher Weg mich weiterbringt! Für den Wanderer gibt es Wegekarten, Wegweiser. Aber die Wegweiser in meinem Leben laufen oft in ganz verschiedene Richtungen. Und wohin will ich eigentlich? Was ist denn mein Ziel? Habe ich überhaupt eines? Beispielsweise für den heutigen Tag?
Ich denke, Gott hat einen Weg geplant für mich. Er wußte also auch, welcher Weg mich am besten weiterführt. Er kennt alle meine Wege, sagt die Bibel, und er kennt vor allem die Richtung. Ich denke, mein Weg müßte zum anderen und zu Gott hinführen und damit auch zu mir selbst, zu meiner Selbstverwirklichung. Und das sind Stationen ein und desselben Weges. Die Bibel spricht von Wegen des Lebens und von Wegen des Verderbens. Und sie gibt auch Entscheidungshilfen. Jesus sagt von sich: „Ich

bin der Weg" (Joh 14,6). Also nicht nur: „Ich weiß ihn", nein: „Ich bin der Weg".
Wie würden Sie Ihren Lebensweg beschreiben? Mancher sieht sich wie in einem ausweglosen Labyrinth. Andere stehen sich selbst im Weg. Jeder Weg geht sich leichter, wenn ich Weggefährten habe. Wenn mir diese fehlen, muß ich mich fragen, ob das seinen Grund darin hat, daß ich anderen nicht über den Weg traue und deshalb auch nicht zu ihnen finde.
Manchmal hat man sich so verlaufen, daß es nur einen Weg gibt: den zurück. Umkehren. Bis wohin? Bis dahin, wo man sich verlaufen hat. Für mich hieße das: Zurück zu dem, der sich der Weg nennt. Ihn zum Weggenossen machen. „Zeige mir deine Wege, es sind die besten für mich."
Ich erlebte kürzlich eine Trauung, bei der sich das Paar als Motto der Trauliturgie den „Weg" gewählt hatte. „Wir trauen uns im Vertrauen auf Ihn, der mitgeht auf unserem Weg."

Hoffentlich bin ich daheim

Martin Buber hat folgende jüdische Geschichte erzählt: „Es gab einmal einen törichten Menschen, dem es am Morgen immer sehr schwerfiel, seine Kleider zusammenzusuchen. Deshalb scheute er sich, am Abend schlafen zu gehen. Eines Abends faßte er sich schließlich ein Herz, nahm Zettel und Stift zur Hand und verzeichnete beim Auskleiden, wo er jedes Stück hinlegte. Am Morgen zog er den Zettel hervor und las: Das Hemd / am Kleiderhaken – leicht zu finden; die Hosen / da lagen sie; die Mütze / hier war sie, und er setzte sie auf und so fort, bis er alles anhatte. Ja, aber wo bin ich nur geblieben? Umsonst suchte und

suchte er, er konnte sich nicht finden. So geht es auch uns, sagte der Rabbi."
Manche bekennen von sich selbst, daß sie Morgenmuffel sind. „Bitte, laß mich in Ruhe, ich bin noch nicht ganz da", sagen sie. Es kann also jemand da sein und doch nicht da sein. Karl Valentin hat diese Selbsterkenntnis klassisch zum Ausdruck gebracht. (Eigentlich müßte man den Text bayrisch sprechen!) Er sagte: „Heute besuche ich mich, hoffentlich bin ich daheim."
Wenn ich nicht da bin, bin ich also abwesend, zumindest geistesabwesend. Dann muß ich wieder zu mir kommen, zu mir selbst. Eindeutig, daß ich im Schlaf nicht voll da bin, daß ich danach erst zu mir kommen muß. Nach einer Betäubung, nach einer Narkose warten wir, daß einer wieder zu sich kommt, zum Wachbewußtsein. Aber auch wenn ich zerstreut bin, bin ich nicht bei mir. Ich bin eben zerstreut, bin mit meinen Gedanken anderswo. Erst recht bin ich nicht bei mir, wenn ich „außer mir" bin, im Zorn etwa. Dann gehen Kräfte mit mir durch, und ich kann Äußerungen tun, mich „äußern", also in gewissem Sinn aus mir heraustreten durch Worte, die mir später unter Umständen leid tun. Ich war eben nicht wirklich bei mir, nicht wirklich beisammen.
Vielleicht sind das sogar die zeitlichen Ausnahmen, wo wir wirklich ganz bei uns sind. Das gelingt nur, wenn ich den Versuch mache, Einkehr zu halten, also sozusagen mich selbst aufzusuchen. Das kann unter Umständen auch eine Umkehr bedeuten, wenn ich mich irgendwohin verrannt habe. Einkehren möchte man freilich nur, wo man sich zu Hause fühlt. Und es gibt Menschen, die sich bei sich selbst nicht zu Hause fühlen. Die sich nicht mögen. Wie können sie je zu sich selbst kommen?
Die Bibel sagt uns dazu etwas Wunderbares. Daß nämlich Gott selbst in uns Wohnung nehmen kann und nehmen will. Als gläubiger Mensch finde ich also, wenn ich zu mir

selbst komme, nie eine leere Wohnung vor. Er ist immer schon da, wartet. Erwartet werden, das gibt das Gefühl, hier zu Hause zu sein. So paradox das klingen mag: Wenn ich zu Gott finde, finde ich auch zu mir selbst. Andererseits ist das für mich auch wieder sehr verständlich, weil ich mich selbst nicht verstehen kann, ohne daß ich Gott mitdenke. „Denn in ihm leben wir, bewegen wir uns und sind wir", sagt die Bibel (Apg 17,28). Deshalb finde ich, wenn ich zu mir selbst komme, immer auch zutiefst in mir Gott bereits vor. Mich selbst finde ich nur bei mir selbst. Aber dieses Selbst gibt es nicht ohne Gott. Ich bin nur, weil Gott mich will.

Glaube – eine Projektion?

Ich las von einem jungen Mann, der bei einem Raubüberfall vier Menschen ermordet hatte. Bei der Vernehmung sagte er: „Mit der Maschinenpistole in der Hand fühlte ich mich wie ein Gott."
Es gibt viele Mittel, Macht auszuüben. Es ist eine sehr menschliche Versuchung, den anderen zu erledigen, fertigzumachen, über ihn zu triumphieren. Dafür brauchen wir keine Maschinenpistole. „Ich fühlte mich wie ein Gott." Welch ein fatales Gottesbild. Denn Gott selbst fühlt sich nicht „wie ein Gott". Er *ist* Gott und braucht deshalb seine Macht nicht zu gebrauchen.
Das ganze Leben Jesu war gezeichnet von dieser Machtlosigkeit, von Ohnmacht – beginnend mit der Geburt in Betlehem bis zum Tod am Kreuz. Er weiß zwar, daß er Macht hat, aber er übt sie nur aus, um zu helfen und zu heilen.
Einer der modernen Einwände gegen den Gottesglauben, der heute immer wieder nachgesprochen wird, lautet:

Glaube ist eine Projektion des Menschen. Der Mensch wirft sozusagen seine unerfüllbaren Wünsche und Hoffnungen wie eine Lichtbildprojektion an den Himmel. Und dieses hingezauberte Bild, diese Fata Morgana, nennt er Gott.

Wer wollte leugnen, daß es derartige Projektionen geben kann und gibt. Schließlich hat jede Gottesvorstellung auch menschliche Züge. Aber paßt der Einwand der Projektion auf einen Gott, der gerade nicht in unberührbarer Ferne thront, sondern sich zu Menschen in diese Welt hineinbegibt? Menschlicher Verstand entwirft andere Gottesbilder. Paßt der Einwand der Projektion auf einen Jesus Christus, der den Menschen gerade nicht den Leiden des Alltags entzieht, sondern sich selbst noch zusätzlich diesem Leiden ausliefert? Er gaukelt keine Fata Morgana vor, sondern kennt die harte Wirklichkeit menschlichen Lebens. Niemals hat dieser Jesus Christus uns gesagt: „Wer glaubt, für den wird das Leben leichter.“ Oder: „Leid und Tod, das alles ist nicht so schlimm.“ Im Gegenteil, er verheimlicht nicht, daß es keinen Weg an Leid und Tod vorbei gibt. Das ist wahrhaftig nicht das, was Menschen sich erträumen. Vielleicht ist das Wunschdenken, die Projektion, heute auf der anderen Seite. Da, wo man sich allenthalben auf der Flucht vor dem Leiden befindet. Wo man sich gegenüber dem Schweren des Lebens auf jede mögliche Weise abzusichern sucht. Wo man Sterbende nicht mehr ertragen kann, sondern sie einsam sterben läßt. Wo in jedem Fall das Leid zur reinen Sinnlosigkeit degradiert wird. Wenn das keine Projektion, keine Verdrängung ist!

Noch vor ein paar Jahren sprach man von einer Theologie nach dem Tode Gottes, der sogenannten Gott-ist-tot-Theologie. Heute spricht praktisch niemand mehr davon. Aber dies war daran richtig: Der Gott, den Menschenvernunft sich ausdenkt, der nur als der unendlich Ferne die Welt ihrem Schicksal überläßt, der ist wirklich tot. Aber den hat es auch nie gegeben. Gott jedoch, der in unsere

Welt eingegangen ist, unseren Tod gestorben ist, der lebt. Wir müssen ihn nur anderswo suchen: bei den Hilflosen und Ohnmächtigen. Vielleicht ist das auch noch zu theoretisch. Aber sehr konkret kann ich ihn erleben und erfahren, wenn ich selbst nicht mehr weiterkann. Dann ist er unmittelbar neben mir.

Glaube befreit

Glaube gefragt

Eine Hörerbefragung des Süddeutschen Rundfunks wollte wissen, was Hörer sich wünschen, wenn sie das Thema einer Sendung bestimmen dürften. Es kam heraus, daß das Thema Religion Spitzenreiter der Wunschliste vor 27 anderen Angeboten war. Ich bin zwar seit langem der Überzeugung, daß Glaube weit mehr gefragt ist, als es die Medien und die sogenannte öffentliche Meinung vermuten lassen. Aber das Ergebnis, wie es die vorgenannte Umfrage erbrachte, hat mich doch überrascht.
Wie ist dieses Ergebnis damit vereinbar, daß in der Öffentlichkeit, im Betrieb, in der Schule Religion so gut wie nicht erfahrbar ist? Daß die Gottesdienste von immer weniger Menschen besucht werden? Hat das nur darin seinen Grund, daß der heutige Mensch mehr Schwierigkeiten mit der Kirche hat als mit Gott? Das „Bodenpersonal" – so hat das mal einer genannt – zu dem ich ja auch gehöre, mag manchmal den Blick auf Gott verstellen. Glaube scheint mehr und mehr Privatsache, Sache der Innerlichkeit zu werden.
Ist der Glaube so sehr Privatsache geworden, daß man sich öffentlich dazu nicht äußert? Das gilt ja zu einem großen Teil selbst von den Kirchgängern, die in ihrem Berufsleben ihre religiöse Überzeugung meist geheimhalten.
Die Kirchen machen sich viele Gedanken um diesen Widerspruch: einerseits Aufgeschlossenheit für religiöse Fragen, andererseits immer geringere Inanspruchnahme kirchlicher Angebote. Hat sich die Denkweise des heu-

tigen Menschen so sehr von dem, was die Botschaft Christi sagen will, entfernt, daß diese nicht mehr ankommt, oder hat die Art und Weise, wie die christliche Botschaft heute angeboten und weitergegeben wird, keinen Bezug mehr zu dem, was die Menschen bewegt? Nur wenn beides miteinander zu tun hat, kann der Funke des Glaubens überspringen. Für diese Zielvorstellung hatte das Zweite Vatikanische Konzil das Wort „aggiornamento", das heißt die Botschaft Jesu auf die Höhe der Zeit bringen, sie heutiger Zeit verständlich machen. In die Richtung muß es gehen.

Aggiornamento heißt aber nicht einfachhin Anpassung an moderne Denk- und Lebensgewohnheit. Anpassung, das würde heißen, den Menschen und sein Denken schlechthin zum Maßstab der Verkündigung zu machen, nachzusprechen und nachzubeten, was „in" ist. Auch das wird natürlich versucht; und das bringt scheinbare Augenblickserfolge, bringt Applaus, aber offenbar keine Gläubigen. Glauben hat auch eine kritische Funktion. Glauben heißt: von Gott her denken. Gott geht es in seiner Offenbarung natürlich um den Menschen, um das, was ihm zu sich selbst verhilft, was Menschen frei macht von Zwängen und Abhängigkeiten. Und das kann unter Umständen vordergründigen menschlichen Überlegungen und Wünschen widersprechen. Deshalb muß unsere Verkündigung immer im Auge behalten, was Paulus seinem Schüler Timoteus aufträgt: „Verkünde das Wort, tritt dafür ein, zu gelegener und ungelegener Zeit; weise zurecht, tadle, ermahne, in unermüdlicher und geduldiger Belehrung" (2 Tim 4,2).

Ich bin immer wieder erstaunt, daß sogenannte moderne Jugendsekten oder radikale Weltanschauungsgruppen ebenso wie magische Zirkel junge Menschen – wenn auch sicher nur immer eine bestimmte Zahl – in ihren Bann ziehen; mit höchst fragwürdigen und autoritären Methoden und oft noch fragwürdigeren Zielen. Ist es die Konsequenz und die Unbeirrbarkeit, die da fasziniert? Nichts ist christlichem Glauben fremder als derartige Methoden und derartige Zielsetzung. Aber konsequenter in der Verwirklichung unseres Glaubens dürften wir Christen zweifellos sein.

Ob wir nicht im Glauben – wie in vielen anderen Belangen – viel zu nachgiebig, zu unkritisch, zu mittelmäßig uns selbst gegenüber geworden sind? Ob das nicht viele unterbewußt spüren? Und ob nicht deshalb das Verlangen nach wirklicher religiöser Orientierung außerhalb der Kirchen so stark ist?

Ich jedenfalls mache die Erfahrung, daß der heutige Mensch vom Glauben dann am meisten betroffen wird, wenn er mit der Mitte des Glaubens konfrontiert wird. Und diese Mitte ist die Befreiung, die Erlösung des Menschen von Zwängen und Abhängigkeiten durch die Verbindung mit Gott. Und das ist so wichtig und modern wie nichts anderes. Ich bin für die „radikale Mitte", wobei radikal im ursprünglichen Sinn zu verstehen ist: „an die Wurzel gehend". Das ist das Gegenteil von Mittelmäßigkeit.

Die Mitte des Glaubens

In einem europäischen Land gibt es ein Sprichwort: „Weil du Christ, kannst du nicht fröhlich sein." Wenn das zuträfe, möchte ich kein Christ sein.

Aber ist es nicht tatsächlich so, daß viele Christen das Bild eines verkümmerten, zu kurz gekommenen Lebens bieten? Sie machen den Eindruck, als nähme der Glaube ihnen das bißchen Freude, die das Leben ihnen zu geben hat. Sie gehen wie am Stock, wie unter einer Last. Sie sehen so gar nicht erlöst aus. In ihrem Glauben erblicken sie einen

Berg von Pflichten, fühlen sich eingezwängt in Gebote und Verbote, für sie ist immer Karfreitag und niemals Ostern. Kein Wunder, daß sie manchmal etwas neidisch auf Menschen ohne religiöse Bindung blicken.

So schrieb mir erst kürzlich jemand: „Die anderen haben es leichter, sie wissen es nicht besser und tun daher, was ihnen gefällt. Der Christ hat bei allem ein schlechtes Gewissen." Das ist zweifellos sehr vereinfacht dargestellt, aber diese Denkweise gibt es.

Ein Glück, daß das nicht von allen Christen gilt. Schlimmer kann man die Botschaft Christi nicht mißdeuten. Evangelium heißt Frohbotschaft, nicht Drohbotschaft. Die Frucht des Glaubens ist „Friede und Freude", wie Paulus sagt. „Zur Freiheit hat uns Christus befreit!" (Gal 5,1). Furcht und Freudlosigkeit sind immer Zeichen schwachen oder fehlenden Glaubens. Selbst wo in der Hl. Schrift von Buße und Fasten die Rede ist, wird davor gewarnt, dabei ein finsteres Gesicht zu machen. Das Tiefste und Letzte im Christenleben ist die Freude.

Nun mag jemand einwenden: Christsein bedeutet doch aber im letzten Nachfolge Christi; ging sein Weg nicht durch Leid und Trübsal? Sicher, und das wollen wir auch keineswegs unterschlagen. Aber – Leid und Schmerz treffen ja jeden Menschen, ob er nun gläubiger Christ ist oder nicht. Wo sie uns treffen, gilt es, dazu Ja zu sagen, sie zu bewältigen. Christus will uns keine Last zusätzlich aufbürden, er hilft uns vielmehr tragen, er stellt sich mit darunter. Er hat selbst aus dem Leid einen Weg des Heils gemacht. Christentum bedeutet also mehr an Kraft, nicht mehr an Last.

Es ist aber falsch zu meinen, in christlicher Sicht sei etwas, nur weil es einem schwer wird, schon gut und wertvoll. Das *Gute* ist von uns gefordert, nicht das Schwere. – Das Gute freilich auch dann, wenn es schwerfällt.

Was das Christentum ausmacht, ist vor allem die Liebe. Wer wirklich liebt, fühlt sich nicht eingeengt, weil er dieses oder jenes nicht tun darf, da es den anderen verletzt. Er braucht keine Gebote, die ihm vorschreiben, was er unbedingt tun *muß*, um den anderen nicht zu beleidigen. Er wird sich vielmehr fragen: Was *kann* ich denn tun, um des anderen willen? Er wird unentwegt darüber nachdenken, wie er dem anderen seine Liebe bezeigen kann. Und so verhält es sich auch mit wirklicher Gottesliebe. Sie fragt nicht: Was *muß* ich unbedingt tun, um noch als Christ zu gelten? Welchen Verfehlungen muß ich notgedrungen ausweichen, um nicht die Verbindung mit Gott zu verlieren? Christliches Leben ist etwas ganz anderes als Einhalten von Geboten, es ist die freie Antwort der Liebe auf die Liebe Gottes zu uns. Wenn einem das aufgegangen ist, dann ist der Glaube nie Last, sondern Lebenselement, ohne das man nicht mehr sein könnte.

Glauben heißt: mit Gott rechnen

Wenn im Herbst gutes Wetter ist, stehen die Papierdrachen der Kinder am Himmel. Je höher, desto besser. Das Kind wird dabei eins mit seinem Drachentier. Es erfährt den Triumph und das Gefühl der Macht, wenn ihm der Flug gelingt, wenn es die Höhe des Vogels bestimmen kann. Es ist stolz auf seine Leistung und das, was es fertigbringt. Kaum ein anderes Erlebnis gibt einem Kind mehr ein Gefühl der Überlegenheit und Herrschaft über ein Ding wie dieses Drachen-steigen-Lassen. Es erfährt aber auch seine menschliche Begrenztheit, wenn es nicht gelingen will, den Drachen in die Höhe zu bringen. Weil die andere Kraft, die dazu nötig ist, der Wind nämlich, sich versagt. Dann ist all seine Kunst umsonst.
So ist das mit uns Menschen. Gelingt etwas, geht alles glatt, so meinen wir, wir hätten es allein geschafft. Glaubt

nicht der Mensch, bereits die Werke Gottes nachschaffen zu können, weil er Erdtrabanten ins Weltall schießt, weil er allmählich die Gesetze der Natur wenigstens zu verstehen und auszunutzen beginnt? Gebärdet er sich nicht bisweilen, als ob er diese Gesetze selbst gemacht hätte, und als ob er die Voraussetzungen der Natur nicht brauchte? Erst wenn wir irgendwie scheitern, wird uns bewußt, wie begrenzt wir sind, und daß wir bei allen Anstrengungen abhängig bleiben von hunderterlei Begleitumständen.
Reif, erwachsen ist ein Mensch, wenn ihn der Erfolg nicht mehr selbstsicher oder überheblich macht wie als Kind, wenn er auch im Glück erkennt, daß nur ein Teil davon sein Verdienst ist; wenn ihn aber auch der Mißerfolg nicht mehr ganz mutlos macht. Gläubig ist ein Mensch erst, wenn er sich in allem auf den Beistand Gottes angewiesen weiß. Es ist durchaus kein Zeichen der Schwäche, sondern realistisch, wenn ich diese Begrenzung meiner Geschöpflichkeit bejahe. Die Erfahrung des Mißerfolges kann für mich sehr heilsam sein, um zur Wahrheit über mich selbst und zur Verbindung mit Gott zu kommen. Darum will ich nicht gleich hadern, wenn etwas schiefgeht. Möglicherweise ist dann der Gewinn für mich und andere größer als der ins Auge springende Verlust.

Glauben heißt: neu anfangen

Unser ganzes Leben ist ein ständiges Anfangen. Mit jedem Anfang sind Erwartungen und Hoffnungen verbunden: mit einer Arbeit, mit einer Bekanntschaft, mit einem Wohnungswechsel, mit einem Gespräch; nach einer Krankheit, nach einem Streit, vor einem neuen Lebensabschnitt. – Aber zugleich liegt über jedem Anfang auch die Sorge, daß das Begonnene nicht gelingt. Oft scheitert schon der Anfang selbst. Wie viele angefangene Briefe werden zerrissen; wie viele Versuche, das Rauchen aufzugeben, scheitern. Und oft sagen wir später: „Hätte ich das doch nie angefangen!“ Und dennoch fangen wir immer wieder neu etwas an. Das ist ein Zeichen gesunden Lebens. Manches wird im zweiten oder dritten Anlauf tatsächlich besser. Immer sind damit neue Erfahrungen verbunden – mit uns selbst und mit anderen. Erst wenn alle Kräfte erlahmen, wagen wir keinen Anfang mehr. Und das ist dann der Anfang des Todes. Bis dahin aber setzt sich unser Leben aus tausend Anfängen zusammen.

Zu jedem Anfang gehört Vertrauen. Vertrauen in sich selbst, in das Leben. Woher käme sonst der Mut zu einem Kind? Vertrauen in die Menschen, mit denen ich es neu wage nach einem Versagen? Nur wenn wir Vertrauen schenken, können andere neu anfangen: der Strafgefangene, der ein anderes Leben führen möchte; der Angestellte, der sich etwas hat zuschulden kommen lassen; das Kind, das uns belog; der Freund, Ehepartner, der uns verletzte.

Und wir selbst sind oft nach einem Versagen darauf angewiesen, daß andere uns wieder Vertrauen schenken. Sonst können wir nicht neu beginnen. Letztlich gründet dieses Vertrauen, neu beginnen zu dürfen, in dem, von dem es in der Hl. Schrift ausdrücklich heißt, daß er uns auch noch liebt, wenn wir Sünder sind. Der nicht von uns verlangt, daß wir nie versagen. Der aber will und uns dazu ermutigt, daß wir immer wieder neu anfangen. „Weil du ja zu mir sagst und nicht nach gestern fragst, darum fange ich wieder an“, sagt ein modernes Kirchenlied.

Weil Gott ja zu mir sagt und Vertrauen in mich investiert, kann auch ich Vertrauen zu mir haben. Es wäre interessant, einmal die Bibel daraufhin durchzusehen, wie oft da von einem neuen Anfang, von neuem Leben, von Zukunft gesprochen wird. Aber nach der Bibel ist es Gott selbst, der immer wieder diesen neuen Anfang setzt, der jedes

gute Werk in uns beginnt (Phil 1,6). Er ist allem Anfang, den wir tun können, voraus. Und er hat auch da noch Neues für uns bereit, wo wir endgültig aufgegeben haben. Denn selbst der Tod, der für uns das Ende von allem zu sein scheint, ist von Gott her Neubeginn, neues Leben. „Siehe, ich mache alles neu“ (Offb 21,5).
Daß ich einen Tag, eine Woche neu beginnen kann, bedeutet, daß er auch an diesem Tag Vertrauen in mich hat, und daß er immer noch Neues und Besseres von mir erhofft. Wenn er es mit mir wagt, warum soll ich es denn nicht auch wagen? Mit meiner Arbeit – mit den anderen – und sogar mit mir selbst.

Glaube ist Umkehr

Es muß alles anders werden: schöner, besser, größer. Dieser Gedanke bewegt heute alle Menschen. Er ist die treibende Kraft unseres Fortschrittes. Darum hängen die einen neuen Ideen und Bewegungen an; darum protestieren andere gegen das Bestehende. Tief im Menschen sitzt der Drang, das Alte zu stürzen und Neues aufzubauen.
Übrigens wird dieses Verlangen nach Neuerung ausdrücklich von der Hl. Schrift gedeckt. Da ist die Rede davon, daß der alte Mensch abgelegt und ein ganz anderer angezogen werden solle. Da wird also nicht nur dies oder das erneuert, da geht es nicht nur um Umweltveränderung, nein, der ganze Mensch soll ein anderer werden – bis in seine Gedanken und Pläne hinein – nur dann wird auch die Welt besser, schöner. „Denkt um, ändert euch“, dann könnt ihr auch die Welt verändern.
Daß Umdenken für den Menschen immer wieder nötig ist, ist nicht nur den Glaubenden bewußt. Denken wir nur an den Protest Jugendlicher, die zum Ausdruck bringen wol-

len, daß es nicht reicht, wenn es uns gut geht. Oder denken wir an Demonstrationen, die etwas in der Welt verändern wollen. Ganze Völker haben in den letzten Jahren gelernt umzudenken und haben dem Sozialismus abgeschworen. Mit all diesen Menschen hat Christus eine große gemeinsame Basis. Nur ist er der Überzeugung, daß die Veränderung noch tiefer greifen muß. Große Weise unserer Zeit haben – ohne Christen zu sein – darauf hingewiesen, daß der Mensch bei unserer Art zu leben „draufgeht", daß er sich selbst seinen Lebensraum zerstört; daß etwas „anderes" zu unserem mathematisch-naturwissenschaftlichen Denken hinzukommen müsse, wenn ein Sinn des Lebens gefunden werden soll. Sie sagen, daß kein Fortschritt, ja nicht einmal Politik verantwortlich möglich ist ohne ethische und theologische Überlegungen.

Erst muß sich also in uns etwas ändern. Dieses Sich-selbst-Ändern nennen wir in der Sprache des Glaubens „Buße". Ein Wort, das man heute kaum noch zu nennen wagt, weil man damit Gefahr läuft, eindeutig als von gestern angesehen zu werden. Dabei geht es gerade hier um radikale Neuerung. So radikal, daß es selbst Fortschrittlichen zuviel wird. So ein bißchen Veränderung hier und dort – gut und schön; Oberflächenreparatur, das bringt Abwechslung. Aber bei sich anfangen, ein anderer werden, also in eine völlig neue Richtung, in die Tiefe gehen, das schneidet ins eigene Fleisch, das geht ans Lebendige. Deshalb verstehen wir, warum wir diesen Fortschritt Buße nennen. In seiner ursprünglichen Bedeutung heißt Buße: Verbesserung, Wiedergutmachung, Änderung. Mit Lebensfeindlichkeit oder Lebensfremdheit hat das wahrhaftig nichts zu tun.

Jeder von uns spürt seine Unzulänglichkeit: im Gedanken an das unterlassene Gute, an die armselige Mittelmäßigkeit und die Gleichgültigkeit gegenüber der Not anderer, im Bewußtsein der Untreue gegenüber der eigenen Überzeugung. Wie vieles tut oder läßt man zum Beispiel nur aus Scheu vor anderen Menschen? Man erschrickt manchmal,

wenn einem bewußt wird, bei welchen Gedanken – etwa des Neides oder der Gewalt – man sich ertappt hat. Da sage einer, daß es in ihm nichts zu verändern, zu verbessern gäbe.
Unser Umdenken muß so weit gehen, daß wir von uns selbst absehen lernen. Das bedeutet freilich eine kopernikanische Wende: sich selbst nicht mehr als Mittelpunkt zu sehen, sondern Gott in die Mitte zu rücken. Hinwendung zu den letzten Fragen nach dem Woher und Wozu. Dadurch werden wir ganz von selbst dem Menschen neben uns zugewandt. Und umgekehrt: Wenn wir uns dem Menschen neben uns zuwenden, bedeutet das auch Hinwendung zu Gott. Wäre diese Veränderung erst vollzogen, stünde es besser um uns und die Welt. Buße, Umkehr im Sinne von Veränderung – wir können dabei nur gewinnen.

Bindung kann befreien

Wenn Kinder ihre Drachen steigen lassen, kommt es dabei nicht nur auf ihre Fertigkeit (oder die ihrer Eltern), auf den Wind und den Bau des Papiervogels an. Eine ganz wichtige Sache dabei ist die Schnur. Nehmen wir einmal an, so ein Drachen da oben in der Luft sagte sich: Ich bin es leid, dauernd bei einem kleinen Jungen/einem kleinen Mädchen an der Leine zu liegen. Dieser Knirps unten auf der Erde soll nicht weiterhin bestimmen, wie hoch und wie lange ich hier oben bleiben darf. Ich mache mich frei. – Es würde nur Minuten dauern, dann läge der Drachen weit abgetrieben irgendwo zerschellt am Boden. Er wäre nicht höher hinaufgekommen, er wäre ganz bald wieder unten.
Mit uns Menschen ist das kein bißchen anders. Ohne Bindung landen wir sehr bald im Sumpf des Lebens. Der

Drang, jede Verpflichtung abzuschütteln und eine unbegrenzte Freiheit zu suchen, läßt den Menschen sehr bald in erbärmlicher Schwäche am Boden liegen. Er will unabhängig sein und gerät in die Abhängigkeit niederer Kräfte und Leidenschaften, er wird Sklave seiner Triebe und Launen.

So paradox es klingt: Freiheit hat mit Bindung zu tun. Ohne Bindung geht es nicht. Es liegt in der Natur der Sache, daß man sich die Art der Bindung, die einem Halt verschafft, meist nicht aussuchen kann. Die Bindungen z. B. an die Eltern oder an ein bestimmtes Volk sind mit der Geburt gegeben. Sie sind Vorgegebenheiten, unabhängig von unserem Willen. Ebenso ist die Bindung an Gott mit unserer Geschöpflichkeit gegeben. Die Ordnung seines Willens bedeutet für uns Auftrieb, führt uns in die Höhe, ins Weite, gibt Halt und Sicherung.

Auch Religion ist etwas „Verbindliches". Meist sagt man ja, daß das Wort soviel wie Bindung heiße. Viele möchten sich auch im Religiösen wie in einem Selbstbedienungsladen aussuchen, was ihnen gefällt und was sie davon in ihr Leben übernehmen. Sich nur nicht festlegen. Glaube als Konsumartikel: gelegentlich ein Fernsehgottesdienst, an Festtagen darf es auch die Teilnahme an einem Gemeindegottesdienst sein, gelegentlich im Radio Erbauungsmusik und in Notlagen auch Gebete... Das ist nicht die Bindung an den Glauben, die wirklich Halt gibt, in der man Erfahrung mit dem Glauben machen kann. Dieser Glaube trägt nicht, denn er ist ein Widerspruch in sich. Gott ist Liebe, und Glaube ist die Antwort des Menschen auf die Liebe Gottes. Wir haben – Gott sei Dank – auch die Freiheit, Bindungen auszuwählen. Liebe ist die einzige Bindung, die nicht unfrei macht. Sie sucht im Gegenteil immer engere Bindung.

Ein Sechser im Lotto wäre nicht schlecht. Nun ja, ein bißchen weniger tät's auch. Nicht jeder versucht's in der Lotterie. Aber wer hat nicht schon einmal Lose gezogen, gerubbelt, bei Gewinnspielen werbender Firmen mitgemacht? Eine Weltreise oder ein Goldbarren als Gewinn wären ganz angenehm. Man kann ja einmal sein Glück versuchen.

Sein Glück versuchen. Versuchen – ein interessantes, ein schillerndes Wort. Versuchen, das heißt sich oder andere in Versuchung führen oder führen lassen. Das heißt aber auch: etwas probieren, also zum Beispiel den Versuch machen, ob man gewinnt; und ob dann am Ende ein wirkliches Glück steht. Auf die Frage, ob der Gewinn sie glücklich gemacht habe, antworteten 250 Leute, die mindestens eine Million Dollar gewonnen hatten, mit einem klaren „Nein". Irgendwann ist auch der größte Kleiderschrank gefüllt, und anziehen kann man immer nur ein Kleid, einen Anzug. Und selbst mit dem besten Essen muß man aufhören, wenn man satt ist. Nach dem ersten Jubel kamen für die Gewinner die Sorgen: Wie das Geld anlegen, wie es sichern, wie sich vor Dieben, Neidern, Schnorrern, Investmentberatern und Firmenangeboten schützen?

Sein Glück versuchen! Die Bundesrepublik steht, was den Lebensstandard anbetrifft, auf Weltebene mit an der Spitze. Aber mit dem materiellen Anstieg wachsen auch die Ansprüche, wächst die Unzufriedenheit. In jedem Jahr steigt die Zahl der Drogentoten, der Depressiven. Ist das nur, weil das Glück an manchen vorbeigeht? Oder liegt das Glück vielleicht doch nicht im Besitz und Konsum?

In einem Bundesland wurde eine Umfrage gemacht: Was brauchen Sie, um sich glücklich zu fühlen? Das Ergebnis entsprach nicht dem, was die Werbung uns vorgibt: daß

man nämlich, wenn man dieses oder jenes kauft, besitzt, genießt, anzieht... mehr vom Leben habe. Nicht einmal das Auto und das eigene Häuschen rangierten an erster Stelle. Vielmehr erschien ein glückliches Familienleben den meisten als das, was wirklich glücklich macht. Also etwas, was man nicht kaufen kann: nämlich Geborgenheit, Verständnis, Beziehung. Nicht materielle Werte, sondern Gefühlswerte, Lebenswerte. Das aber sind Kostbarkeiten, die nicht mit menschlicher Leistung machbar sind. Man kann sich dafür vielleicht disponieren, man kann danach suchen, aber das meiste davon wird einem unerwartet geschenkt. Und das gerade dann, wenn man nicht haben, nicht festhalten, nicht horten will, sondern wenn man losläßt, weggibt, schenkt.
Für mich gibt es darüber hinaus allerdings noch eine Steigerung. Wenn ich mit Gott in meinem Leben rechne, mit ihm in Beziehung stehe, mich ihm anvertraue, dann bekommen auch meine letzten Fragen nach Sinn und Ziel des Lebens eine Antwort. Ich muß wissen, warum und wozu ich bin und lebe, warum ich denke. Ich muß die Hoffnung haben, daß mein Tod nicht alles auslöscht. Dann erst fange ich an, mich zu verstehen. Und ohne das kann ich nicht glücklich sein.

Gottes Hand

Nichts sagt so viel über den Menschen aus wie sein Gesicht und seine Hand. Die Hand, das Organ des Tastsinns, der Berührung, des Zupackens und des Streichelns. – In diesem Sinne sprechen wir von der Hand Gottes und wollen damit zum Ausdruck bringen, wie Gott dem Menschen persönlich nahe ist, sich an ihn herantastet, Kontakt mit ihm sucht.

Gottes Hand – ich habe das bisher immer als eine offene, hohle Hand vor Augen gehabt, in die ich mich wie ein Vögelchen, das aus dem Nest gefallen ist, kuscheln kann. „Selbst das Dunkel, das mich umgibt, ist nur der Schatten seiner Hände, die mich tragen“, hatte ich einmal gehört. „In deiner Hand liegt mein Geschick“, heißt es im Psalm 31,16; „Sieh her: Ich habe dich eingezeichnet in meine Hände“ bei Jesaja (49,16). Dabei weiß ich, daß Gottes Hand auch schwer auf einem Menschen liegen kann (vgl. Ps 32). Sie kann schlagen, um zu heilen (vgl. Ijob 5,18).
Aber dann habe ich in Stockholm in einem Kunstpark eine Skulptur von Carl Milles gesehen. Er nennt sie „God's hand“, also Gottes Hand. Da steht auf einer menschengroßen Hand, auf der Spitze von Daumen und Zeigefinger ein lebensgroßer Mensch. Das Ganze getragen noch einmal von einer überlebensgroßen Säule. Also dreimal so hoch wie ein Mensch. Und dieser Mensch steht frei und aufrecht auf Daumen und Zeigefinger, mit Leichtigkeit von Gottes Hand getragen. Vom Boden menschlicher Schwerkraft durch Gottes Hand in schwindelerregende Freiheit erhoben, richtet sich der so getragene Mensch – etwas unsicher noch ob dieser Höhe – voll auf, das Gesicht nach oben gerichtet; staunend und ahnend, daß Gottes Kraft in weitere Höhen führen kann und will, wenn sich der Mensch nur losläßt, tragen läßt, ver-läßt, einläßt auf das, was Gott mit ihm vorhat.
Freiheit braucht ein festes Fundament, einen festen Halt. Gottes Hand engt nicht ein, sie befreit mich zu mir selbst; indem sie mich zu sich emporhebt, hebt sie mich über mich selbst hinaus. „Du öffnest deine Hand und sättigst alles, was lebt, nach deinem Gefallen“ (Ps 145,16).

Es soll zwar mehr Menschen geben, die – wenigstens gelegentlich – beten, als Menschen, die an Gott glauben. Dennoch gilt: Der Mensch betet nicht gern. In seinem Buch „Von der Not und dem Segen des Gebetes" spricht Karl Rahner von der Mühe, mit Gott in Beziehung zu treten, obwohl der Mensch doch aus Gott lebt. Nur schwer beten zu können, muß also nicht unbedingt die Folge eines lauen religiösen Lebens sein. Rahner schreibt: „Wir wissen oft nicht, was Gebet ist, und wir können es darum auch nicht. Die selbstverständlichsten und einfachsten Taten des Herzens sind die schwierigsten, und nur langsam lernt sie der Mensch. Und wenn er sie am Ende seines Lebens kann, dann war sein Leben gut. Und zu diesen Taten des Herzens, den einfachsten und schwersten, gehören die Güte, die Selbstlosigkeit, die Liebe, das Schweigen, das Verstehen, die wahre Freude, das Gebet."

Ein – kaum bewußter – Einwand, der sich im Menschen gegen das Gebet erhebt, heißt: Gott weiß doch, was mir not tut, und Gott ist gut. Deshalb muß ich ihn doch nicht im Gebet durch meine Bitte informieren. Aber schon der hl. Thomas von Aquin betont, daß Gebet nicht da ist, um Gott zu informieren oder umzustimmen. Das Beten ist für den Menschen um seiner selbst willen notwendig. Er muß bedenken, was ihm fehlt. So wird er für den Empfang bereitet. Und Augustinus sagt: Es geht nicht darum, daß wir Gott an unsere Not erinnern, sondern daß wir uns an Gott erinnern. Sinn des Gebetes ist deshalb, Gott näherzukommen und damit auch sich selbst. Im letzten geht es gar nicht um Worte, sondern um dieses „Bei-Gott-Sein".

Und die Erhörung? Haben wir es nicht schon erfahren, daß wir inständig um etwas gebetet haben, und das Gebet wurde nicht in unserem Sinn erhört? Wir wissen, daß Jesus dem Gebet Erhörung zugesagt hat, das wir in seinem Namen verrichten, wenn wir nicht unseren Willen durchzusetzen suchen, sondern wenn wir darum beten, daß Gottes Wille geschehe, wie es im Vaterunser heißt. Mir hat ein Wort geholfen, das Bischof Hemmerle von Aachen uns einmal in Exerzitien sagte: Gott erhört unsere Bitte immer, wenn wir der Bitte zwei Worte anfügen: „...oder mehr". Gott bleibt nie hinter unserer Bitte zurück, er will mehr geben, als wir erbeten. Das kann dann vielleicht auch anders aussehen, als wir uns das denken. Aber es ist mehr.

Positiv denken

Mit Gott über die Mauer

Es ist keine Schande, wenn sich jemand als Morgenmuffel bezeichnet. Aber ganz glücklich ist niemand darüber. Einer, der gar ans Bett gefesselt ist, würde gern mit dem, der aufstehen muß, tauschen. So gern wir ausruhen, entspannen – niemand möchte immer nur liegen.
Der Morgenmuffel ist ein Beweis dafür, daß wirkliches Aufstehen mehr ist als aus dem Bett kommen. Oft sind wir längst hoch, aber die Stimmung bleibt am Boden. Es gibt viele Arten, am Boden zu liegen, obwohl wir längst aufgestanden sind. Wir sagen dann: Ich bin down, niedergeschlagen, niedergedrückt. Wir sprechen von Niederlagen, wenn uns etwas nicht gelingt, wenn wir unterliegen. In solchen Situationen trauen wir uns nichts zu, sind entschlußlos. Hier wird das Liegenbleiben keineswegs als erfreulich erfahren.
Gelegentlich erfährt das jeder Mensch. Manche leiden darunter besonders stark. Es ist heller Tag, und doch bleibt für sie alles düster.
Sehen wir einmal von krankhaften Erscheinungen ab. Es ist wichtig, sich nicht diesen Stimmungen zu überlassen. Ich fand ein Buch mit dem Titel „Die Kraft des positiven Denkens“ (N. Peale). Der Verfasser schlägt vor, sich mit positiven Gedanken des Vertrauens und des Glaubens zu füllen. Mancher wird sagen: Ich finde nichts Positives in dem Tag, der vor mir liegt. Das Buch widerspricht: Da ist vielleicht einer krank, das ist sicher keine positive Aussicht. Aber er hat Menschen, die für ihn sorgen und ihn

pflegen. Ist das nichts? – Da hat einer Schwierigkeiten im Beruf, aber er hat eine Frau, die alles mit ihm durchträgt und die für ihn da ist. – Gewiß, die Krankheit und die Schwierigkeiten im Beruf bleiben, auch wenn man sich das Positive ins Bewußtsein ruft. Aber sie bestimmen nun nicht mehr das ganze Denken. Und das ist wichtig. Es kann sogar Krankheiten und Schwierigkeiten verändern. Die positiven Seiten nicht übersehen, sondern sie sich bewußtmachen, mehrmals am Tag vielleicht – das verändert den Tag, das Leben.

Denn was wir uns vorstellen, hat eine Auswirkung auf den ganzen Menschen. Wenn ich denke, ich bin müde, gehen Nerven und Muskeln augenblicklich darauf ein. Fühle ich mich zwar müde, muß aber am Abend noch einen Vortrag halten, wird mein Geist neu wach und aktiv.

Für den gläubigen Menschen kommt noch etwas Entscheidendes hinzu: die Überzeugung, daß Gott auf meiner Seite ist. Gerade Gedanken des Vertrauens in Gott können unsere Energie steigern. „Gott gibt dem Müden Kraft, und dem Kraftlosen verleiht er große Stärke", sagt der Prophet Jesaja (40,29). Wenn ich Gott sage, was mich bedrückt, läßt der Druck nach. Es gibt in der Bibel unzählige Stellen, die Mut und Zuversicht aussprechen. Zum Beispiel: „Ist Gott für uns, wer ist dann gegen uns?" (Röm 8,31). Oder ein Psalmvers: „Mit meinem Gott überspringe ich Mauern" (18,30) – auch die Mauer all dessen, was mich niederdrücken will; was mein Leben einengt und dunkel macht. Mir kam kürzlich ein Spruch aus Afrika zu Gesicht, der mich sehr angesprochen hat: „Wende dein Gesicht in die Sonne, und die Schatten fallen hinter dich." Für den Gläubigen heißt das: Wenn ich mich Gott zuwende, der Licht für die Welt ist, kann das, was vor mir liegt, nie ganz dunkel sein. Glaube ist die intensivste Form, positiv zu denken.

Mutter Teresa, die Ordensfrau aus Indien, wurde von einem Reporter gefragt: „Wie komme ich zum Glauben?“ Mutter Teresa darauf: „Sie sollten beten.“ Er: „Ich kann nicht beten.“ Darauf sagte Mutter Teresa: „Dann werde ich für Sie beten. Aber versuchen Sie einmal, Ihren Mitmenschen ein Lächeln zu schenken. Ein Lächeln ist wie eine Berührung. Es bringt etwas von der Wirklichkeit Gottes in unser Leben.“ Da ist doch nicht mehr und nicht weniger gesagt als dies: Wenn einer nicht beten kann, wenn ihm der religiöse Vollzug also völlig fremd ist, dann soll er etwas zutiefst Menschliches tun: ein Lächeln schenken. Und Mutter Teresa meint, das könne ebenso wie das Gebet zum Glauben führen.
Lächeln ist wie eine Berührung. Wir haben das alle schon erlebt: Ich schaue jemanden, der mich nicht sehen kann, intensiv an, und plötzlich dreht er sich zu mir um. Er hat etwas von meinem Blick gespürt. Mich interessiert in diesem Zusammenhang nicht, wieso das so ist: Gedankenübertragung, geistige Schwingungen oder Strömungen, die sich von Mensch zu Mensch bewegen, magnetische Kräfte, die vom Menschen ausgehen und die man vielleicht sogar messen kann? Egal, wie das funktioniert. Mir kommt es auf die Tatsache an. Wenn das wirklich so ist, dann können unter Umständen auch positive Gedanken einem anderen gegenüber dort positiv ankommen und wirken. Ein Gebet etwa. Oder wenn ich dem anderen einen bejahenden Blick schenke, ihn mit Sympathie anschaue, ihm zulächle, ob er das nun sieht oder nicht? Mutter Teresa sagt: „Das ist wie eine Berührung“, das bedeutet: Es stellt einen Kontakt her, es springt etwas über.
Ich denke, es ist ein großer Unterschied, ob ich gedankenlos oder gar mißmutig über die Straße gehe und anderen begegne, oder ob ich denen, die meinen Weg kreuzen – ob

sie mich nun sehen oder nicht –, Gedanken der Sympathie, des Mitgefühls, der Mitfreude, der Sorge zuwerfe – je nachdem. Menschen, die damit Erfahrung haben, berichten, daß sich dann auch gelegentlich solche Menschen umdrehen, jedoch nicht irritiert, weil sie sich beobachtet fühlen, sondern freundlich. „Ein positiver Gedanke, ein Lächeln ist wie eine Berührung.“ Aber nun fährt Mutter Teresa fort: „Ein Lächeln bringt etwas von der Wirklichkeit Gottes in unser Leben.“ Ich denke, sie will damit sagen: Gott ist uns ständig zugewandt, positiv bejahend, aufmunternd – auch wenn unser Blick in eine ganz andere Richtung geht, ihm vielleicht ausweicht. Wo ich diese Einstellung nachvollziehe und in einem anderen Menschen positive Gedanken, innere Fröhlichkeit wecke, die mir dann wieder wie ein Echo zurückgesandt werden, da erfahre ich etwas von der Wirklichkeit Gottes in meinem Leben. Und das kann der Anfang des Glaubens sein. Ich erfahre: Ich bin bejaht, gewollt, nicht nur von diesem oder jenem Menschen, sondern in einem viel umfassenderen Sinn. Ich erfahre etwas „von der Wirk-lichkeit Gottes in meinem Leben“. Ich denke, ich sollte das ausprobieren. Denn auch wer glaubt, braucht ständig neue Erfahrungen der Wirklichkeit Gottes.

Die dunkle Brille abnehmen

Gleichnisse enthalten meist tiefe Wahrheiten. Ein solches Gleichnis spricht von einem König, der eines Tages in große Traurigkeit verfiel. Er überließ sich immer mehr trüben Gedanken. Als man ihn fragte, was ihn denn so traurig mache, sagte er: „Ich muß ständig daran denken, daß immer, wenn irgendwo ein Mensch geboren wird, anderswo ein Mensch stirbt.“ Lange beriet man, wie dem König zu helfen sei. Man engagierte einen Hofnarren, der ihn mit seinen Späßen aufmuntern sollte. Vergebens. Schließlich bot sich einer an, mit dem König zu reden. Nach diesem Gespräch war der König heiter und froh. Als man diesen Menschen fragte, wie er den König habe heilen können, sagte er: „Ich habe ihm zu bedenken gegeben: Immer, wenn irgendwo jemand stirbt, wird auch anderswo wieder jemand geboren."

Im Grunde die gleiche Aussage und doch grundverschieden in der Weltsicht, die dahintersteht. Einmal hat sie einen ausgesprochen pessimistischen Zug – jeden Augenblick stirbt irgendwo ein Mensch –; das andere Mal zeigt sie eine optimistische Weltsicht: jeden Augenblick wird irgendwo ein Mensch geboren. Der Pessimist kann sich nicht darüber freuen, wenn ein Weg bergab führt und leicht zu gehen ist. Ständig denkt er schon daran: Später geht es wieder bergauf. Der Optimist dagegen ist selbst beim aufsteigenden Weg guter Laune, auch wenn er dabei schwitzt. Er denkt: Wenn ich mich jetzt bergauf mühe, dann kommt später wieder ein bequemer Weg bergab, auf den freue ich mich jetzt schon.

Es gibt beide Typen unter den Menschen. Die einen sehen alles wie durch eine dunkle Brille, die anderen finden auch im Unangenehmen immer noch etwas Gutes. Ich denke jetzt nicht an Menschen, die von Depressionen geplagt sind, einer schlimmen Krankheit, der mit dem Willen allein nicht beizukommen ist. Das ist jetzt nicht gemeint. Ich meine die schlechte Laune, den miesen Blick, der die Freude nimmt und in allem und jedem etwas Negatives sucht und natürlich auch findet. Bei älteren Menschen trifft man das wohl häufiger als bei jüngeren. Sie haben manche Enttäuschung erlebt, mußten Böses erfahren, das führt leicht zu Mißtrauen und Nörgelei, und gerade durch die selbstgemachte Isolierung fühlen sie sich in ihrer trüben Weltsicht erneut bestätigt.

Natürlich spielen da oft auch Veranlagung und die Beschwerden des Alters mit. Ich meine aber, man kann gegen diesen Pessimismus etwas tun. Die positive Lebensanschauung fällt einem nicht in den Schoß. Man muß sie einüben, sie sich vorsagen. Ja, vorsagen! Sich das Positive am eigenen Leben bewußt aufzählen: daß ich keine Not, keinen Hunger leide; daß ich gesund bin; oder wenn krank, daß ich Menschen habe, die mir helfen. Das sind alles keine Selbstverständlichkeiten. Ich meine, wenn ich Gott danken kann für das, was mir gegeben oder geblieben ist, dann kann ich nicht mißmutig werden. Wenn ich einmal versuche, aufzuzählen, was der heutige Tag an Positivem für mich bereitzuhalten scheint, werde ich mit Gewißheit eine ganze Menge zusammenbringen. Aber ich muß, um das wirklich zu sehen, natürlich die dunkle Brille abnehmen. Gelingt mir das, erscheint mir der Tag schon fast hell.

Ja zu mir selbst

Ich kenne viele Menschen, die nicht Ja zu ihrer Situation sagen können. Sie können darum auch nicht Ja zu sich selbst sagen. Es geht ihnen wie jener Frau, die mir schrieb: „...ich hatte aufgrund meiner familiären Verhältnisse nicht die Möglichkeit, einen mir zusagenden Beruf zu erlernen. Als ich nicht mehr gebraucht wurde, war es zu spät dazu. Ich suche verzweifelt danach, eine mir sinnvoll erscheinende Tätigkeit zu finden..."
Natürlich muß jeder versuchen, die Weichen für das eigene Leben umzustellen, soweit das möglich ist. Aber es gibt nun einmal vieles, das der einzelne gar nicht ändern kann: die Begabung, die körperliche und seelische Konstitution, Erziehung, Geschlecht, Schicksalsschläge und vieles andere setzen jedem Menschen Grenzen. Nicht jeder kann

alles. Es hat deshalb wenig Zweck, ständig auf andere zu schielen, von denen man meint, sie hätten das, was einem selbst fehlt. Auch die haben ihre Defizite und leiden darunter. Das ständige Starren auf die eigene Situation lähmt alle Kraft und hindert damit jede Voraussetzung zum Besseren.

Ich habe in einem Krankenhaus einmal einen Beinamputierten kennengelernt. Eine Oberschenkelamputation bedeutet wahrhaftig eine erhebliche Einengung der persönlichen Möglichkeiten. Am Anfang stürzte ihn das in tiefe Depressionen. Der ganze Heilungsprozeß verlief dadurch stockend. Dann aber änderte sich seine Einstellung. Es wurde ihm bewußt, daß er bei dem Autounfall auch beide Beine hätte verlieren können oder das Augenlicht oder gar das Leben. Er dachte darüber nach, wieviel ihm trotz allem geblieben war. Und nun gelang es ihm, wieder froh zu werden und auch von dem Hader mit Gott und der Welt loszukommen. Obwohl er klar erkannte, wie begrenzt seine Fähigkeiten jetzt waren, sah er zugleich ganz neue Möglichkeiten, die er vielleicht als völlig gesunder Mensch nie gefunden hätte. Er faßte den Vorsatz, seine künstlerische Begabung, die bisher brachlag, weiterzubilden und hat das dann später auch getan. Er konnte seine Möglichkeiten nicht beliebig ausweiten, aber er konnte sie vertiefen, und das erlebte er mehr und mehr als echten Gewinn.

Gewiß, wir sind nicht Herr unserer Stimmungen. Aber man kann doch etwas dagegen tun. Wo wir an Grenzen kommen, die wir mit all unseren Kräften nicht überschreiten können, ist es nutzlos, ständig an das zu denken, was hinter diesen Grenzen liegt, – was wir nicht haben, oder was wir verloren haben. Immer bleibt uns etwas, und das gewinnt nun besonderen Wert. Das Nachtrauern ist verständlich, aber es hilft nicht weiter. Im Gegenteil, es wird dadurch alles schlimmer. Der Mißmutige verliert dadurch noch die letzten Kontakte zu anderen Menschen und wird zu allem dann auch noch einsam. Denn wer möchte sich auf Dauer diesem Mißmut aussetzen? Letztlich ist das Unerfülltsein eine Grundbefindlichkeit jedes Menschen. Unsere Erwartungen sind mit allem, was wir vorfinden, nie ganz zu erfüllen. Ich meine, das hat seinen Grund darin, daß wir ständig das Endgültige und Vollkommene suchen, das kein Mensch und keine Sache uns zu geben vermögen. Ich komme damit nur zurecht, wenn ich Gott mitdenke. Hier wird deutlich, daß der Mensch sich selbst eine Frage ohne Antwort bleiben muß, wenn er nicht mit Gott rechnet.

Wie geht es mir gut!

„In hundert Jahren ist alles vorbei“, das ist einer der Sprüche, der Floskeln, die man oft unüberlegt gebraucht. Man will sich damit Mut machen, wenn einem gerade etwas querkommt. Ich hatte auch so eine Redensart. Häufig sagte ich: „Es ist alles maßlos traurig.“ Das war nicht ernst gemeint, es war völlig ohne Grund gesagt; eben als Floskel. Das habe ich mir mittlerweile aber abgewöhnt. Jetzt sage ich mir und auch anderen mehrmals am Tag: „Was geht es uns gut, was geht es mir gut.“ Und das ganz bewußt, gerade auch dann, wenn etwas schiefgegangen ist. Aufs Ganze gesehen geht es mir gut. Es gehört zur Ehrlichkeit und zur Dankbarkeit, das auch auszusprechen. Ganz abgesehen davon, daß es die positiven Kräfte weckt.

Mir fällt ein Beispiel ein, das ich einmal gelesen habe. Wenn wir im Sommer gegen Abend oder über Nacht ein Fenster öffnen, kann es sein, daß am Morgen ein dicker Nachtfalter an der Decke klebt. Wenn wir dann versuchen, ihn zum offenen Fenster hinauszutreiben, prallt er unter Umständen wie wahnsinnig an das Glas des noch geschlossenen Fensterflügels. Wir müssen dann warten, bis er sich beru-

higt hat, um ihn dann durch das offene Fenster hinauszulotsen. – Machen wir es nicht oft ebenso: Wir rennen wie dieser Nachtfalter voll Verzweiflung gegen unsere Grenzen, gegen das, was uns querkommt, an wie gegen einen geschlossenen Fensterflügel. Und dann wundern wir uns, wenn wir uns dabei wehtun, wenn alles noch schwerer wird; wenn wir erst recht keinen Ausweg finden.
Es gibt in allem, was uns einengt, was uns bedrückt, einen offenen Fensterflügel. Wir entdecken ihn aber nicht, wenn wir aufbegehren, sondern nur, wenn wir ruhig nachdenken, zu uns selbst kommen, uns auf das Positive in unserem Leben besinnen. Dann werden wir frei, dann sehen wir wieder Licht.
Sie werden sagen: Es gibt eine Ausnahme: wenn ein Mensch wirklich unheilbar krank ist. Aber gibt es nicht auch da Mittel und Wege, die helfen und befreien: Menschen, die einen pflegen, sich um einen kümmern; Medikamente, die die Schmerzen wenigstens etwas lindern. – Aber wenn einer nun gar nichts mehr vor sich hat außer seinen Tod? Ich wage zu sagen, gerade dann gilt: Es gibt ein Stück offenes Fenster. Gerade im allerletzten Scheitern renne ich nicht gegen eine Wand. Da ist nicht nur *ein* Flügel offen, sondern ein ganzes Tor. Ein Tor in eine neue, bessere Welt. Solange nicht heftige Schmerzen mich quälen, möchte ich immer sagen: „Wie geht es mir gut."

Im Augenblick leben

Eine Geschichte aus China erzählt: „Ein Mann hatte seinen kleinen Acker gut vorbereitet, gepflügt und gesät. Aber die Saat ging nur langsam bei ihm auf. Bei seinem Nachbarn sah er schon kräftigen Wuchs. Er wurde ungeduldig, schließlich hatte er eine wahnwitzige Idee. Er lief zu seinem Feld und begann die kleinen, zarten Halme etwas in die Höhe zu ziehen. Als er einen Tag später wieder sein Werk besichtigen wollte, sah er alles zerstört und verwelkt. Noch lange lachte man im Dorf über den Mann, der nicht warten konnte."

Ich gestehe, ich kann schlecht warten: Wenn ich mit jemandem verabredet bin, und er kommt nicht rechtzeitig, macht mich das nervös. Und es gibt Menschen, die kommen regelmäßig zu spät; sicher keine gute Angewohnheit. Aber meine Reaktion ist wohl auch nicht richtig. Ich könnte ja in dieser Zeit die gerade anfallende Arbeit weitermachen, aber das gelingt mir dann nicht. Ich könnte ein Gebet sprechen, und die verrinnende Zeit wäre keine verlorene Zeit. Manchmal kann ich das auch, aber meist bin ich dazu – eben weil ich ungeduldig warte – zu unruhig.

Ständig müssen wir auf etwas warten. Kinder können nicht erwarten, bis sie groß sind; Eltern können nicht erwarten, daß das Kind dies oder jenes lernt... Wir erwarten den Briefträger, einen Besuch, den Arzt, ein Geschenk. Wir warten auf den Bus, die Bahn, das Flugzeug. Wir warten, daß die Kinder von der Schule oder von dem Spiel kommen, daß der Partner pünktlich zum Essen kommt. Wieviel Geduld müssen wir zum Beispiel aufbringen, wenn der Bus weggefahren ist, oder bis in einer Gastwirtschaft das Essen serviert wird. Sicher, wenn wir es eilig haben, ist Ungeduld verständlich. Aber deshalb kommt der nächste Bus auch nicht früher. Und oft haben wir ja wirklich Zeit: Wir wollten ja nur einen Ausflug machen. Warum nicht gleich an der Bushaltestelle, im Gasthaus anfangen mit der Entspannung. Statt nervös nach dem Wirt, nach dem kommenden Bus zu schauen, könnten wir uns in einem solchen Fall sagen: Ich habe doch Zeit, geschenkte Zeit, die ich sonst sicher wieder verplant hätte. Wieviel Unruhe würde bei einem solchen Gedanken von mir abfallen.

Mir schrieb jemand: „Das Durchhalten und Aushalten ist

schwer zu ertragen. Doch ist es nicht das, was unser Leben ausmacht? Abwarten, bis einem etwas Kostbares geschenkt wird.“ Es kommt auf meine innere Einstellung an: Lasse ich mich hetzen, oder genieße ich den Augenblick, indem ich mir sage: Ich lebe, ich atme, ich bin gesund... Und das, was nachher kommt, wird auch wieder positive Seiten haben. Die hl. Theresia von Lisieux hatte sich angewöhnt, ganz im Augenblick zu leben. Sie sagt: „Wenn man mutlos und verzagt wird, kommt es daher, daß man an Vergangenes und Künftiges denkt.“ Ich würde hinzufügen: „und das Kommende nicht abwarten kann.“

Den Augenblick leben, das Jetzt, das Heute. Heute ist übrigens ein wichtiger biblischer Begriff. Heute, jetzt, hat Gott etwas mit mir vor, ist er bei mir und mit mir. Auch im Warten. Vielleicht gerade da. Denn wo ich meine, keine Zeit zu haben, soll sie mir vielleicht durch das Warten geschenkt werden. Und so könnte im lästigen Warten die Erkenntnis wachsen, daß alle Ungeduld weit über das hinausgeht, was wir im Augenblick erwarten, daß sie erst im Unendlichen zur Ruhe kommt.

Dem Tag ein Geheimnis abringen

Waren Sie schon einmal in einer Edelsteinschleiferei? Ich hatte kürzlich die Gelegenheit. Da wurde ein grauer Stein, den ich nicht einmal vom Boden aufgehoben hätte, durchgeschnitten und poliert: bunte Farben und Streifen, hell und dunkel nebeneinander. Schönheit, versteckt unter dem, was nicht der Beachtung wert scheint. – Oder wir finden eine alte Brosche, dunkles, scheinbar wertloses Metall. Nach intensivem Putzen wird deutlich, daß es sich in Wirklichkeit um Silber handelt.

Kürzlich las ich einen Satz, der mich nicht los ließ: „Laß

den Tag nicht verstreichen, ohne ihm ein großes oder kleines Geheimnis abzuringen." Was soll schon an Geheimnissen in einem Tag sein, der grau vor mir oder hinter mir liegt? Ich kenne doch im wesentlichen den Fahrplan: Hetze schon auf dem Gang ins Büro, in die Schule, ins Geschäft, in den Betrieb. Dort üblicher Ärger, kleine Freuden. Feierabend, zwei bis drei Telefonate, vielleicht kommt wer, ansonsten ein bißchen Luft schnappen, im günstigsten Fall beim Abendessen ein kleiner Austausch über den Tag; dann Fernsehen, Zeitung, ein Buch, Schlafengehen. – Große und kleine Geheimnisse? Wo denn?

Ich denke, es käme darauf an, den Grauschleier des Alltäglichen wegzuwischen, der den Alltag so banal, so ohne Geheimnis macht. Es geht darum, wachsam zu sein für Neuentdeckungen. Ich denke nicht an etwas, das ganz unvorhergesehen eintrifft, denn das Unvorhergesehene kann man nicht entdecken, weil man es ja nicht sucht. Man kann es also auch nicht dem Tag abringen. Nein, das große oder kleine Geheimnis muß im Alltäglichen selbst stecken.

Will man diese Geheimnisse entdecken, muß man mit der Möglichkeit rechnen, daß gerade das Alltägliche oft kleine Köstlichkeiten birgt: Die Wiese draußen ist dann auf einmal nicht mehr nur naß; sie funkelt in verschiedenen Farben. Die Sonne, die sich auf meinem Schreibtisch spiegelt, ist nicht nur grelles Licht, sondern verändert ihre Lichtstärke fast jede Sekunde durch leichte Wolkenschleier oder durch das Spiel mit dem Schatten des Vorhangs. Und der Baum draußen lebt, die Luft summt... Lauter kleine Geheimnisse. Oder sind das schon große? Und warum gelingt mir heute spielend, woran ich mir gestern die Zähne ausgebissen habe? Schmeckt das Frühstücksbrot nicht anders, wenn ich es nicht gedankenlos zum Mund führe, sondern bewußt esse? Warum bin ich fröhlich, ohne daß es einen konkreten Anlaß gibt? Wieso meine ich, daß die Menschen um mich herum heute freundlicher sind als sonst? Hängt das vielleicht schon damit zusammen, daß

ich wacher in diesen Tag hineingegangen bin und deshalb allem aufmerksamer begegne?
Manche großen und kleinen Geheimnisse entdecke ich freilich nicht im Augenblick des Geschehens, sondern im nachhinein. Bei einem Tagesrückblick am Abend oder gar erst nach Tagen sehe ich Zusammenhänge. Da ist vor allem das Überraschende, daß ich auf einmal sehe, daß es in meinem Leben eine geheimnisvolle Führung gibt; daß dies oder jenes, was mir seinerzeit querkam, sehr wohl einen Sinn und eine Bedeutung für mich hatte, ja vielleicht sogar notwendig für mich war. In solchen Augenblicken spüre ich, daß ich an das Geheimnis Gottes in meinem Leben stoße. Und das ist gewiß kein kleines Geheimnis mehr. „Laß den Tag nicht verstreichen, ohne ihm ein großes oder kleines Geheimnis abzuringen."

Keine Angst vor der Angst

Jeder hat Angst, vielleicht sogar Angst, über die Angst nachzudenken. Wenn uns das aber helfen könnte, die Angst abzubauen? Die Angst anschauen, sie ans Licht bringen und dann womöglich noch mit anderen darüber reden, kann ein Anfang zur Befreiung von der Angst sein.
Immer wieder hört man, daß Schüler sich aus Angst nicht nach Hause trauen. Und es ist keineswegs so, daß die Ängste aufhören, wenn wir erwachsen sind. Jeder kennt Angst. Angst vor Prüfungen, vor Krankheiten, vor dem Verlust eines geliebten Menschen, vor dem Tod. Ängste gehören zur Existenz des Menschen. Aber sie können sich ins Krankhafte steigern. Psychologen kennen zwanghafte Ängste: Angst vor Entscheidungen, Angst vor Bindungen, Angst vor dem Offenbarwerden eigener Schwä-

chen... Sie kennen aber auch Ängste, die religiöse Ursachen haben: Sündenangst; Angst, vor Gott nicht bestehen und keine Vergebung finden zu können; Angst, von Gott verworfen zu sein.

Wo der Glaube Ängste erzeugt, handelt es sich immer um eine gestörte Glaubens- und Gottesvorstellung. Nie um eine christliche. Christlicher Glaube ist auf den Kopf gestellt, wenn er – anstatt zu befreien – Angst einjagt. Mag sein, daß gelegentlich auch Prediger mit dieser Angst gearbeitet haben. Aber sie haben dann nicht den christlichen Glauben verkündet. Gott fordert zwar den Menschen ein. Glaube kann unter Umständen auch Schweres fordern. Glaube ist nie etwas Unverbindliches. Aber er ängstigt nicht.

Im Gegenteil: Er ermutigt selbst da noch, wo wir endgültig versagen und schuldig werden. Und wo menschliche Situationen ausweglos sind. Alles andere ist ein Mißverständnis des Glaubens.

In der Bibel kommt das Wort Angst nie im Zusammenhang mit dem vor, was von Gott her kommt. Gott gegenüber gibt es ein momentanes Erschrecken, wo Menschen dem Göttlichen begegnen, also Ehrfurcht. Aber schon die eigentliche Furcht wird in diesen Augenblicken ausdrücklich verwehrt durch das in der Hl. Schrift bezeugte Wort: „Fürchtet euch nicht." Ausgerechnet 365mal steht das in der Bibel. Als ob das für jeden Tag gesagt sein soll. Man kann deshalb sagen: Angst ist immer etwas, was nicht von Gott kommt. Auch nicht die Sündenangst. Ängste gehören in den vergänglichen, weltlichen Bereich. „Dies habe ich zu euch gesagt, damit ihr in mir Frieden habt. In der Welt seid ihr in Bedrängnis; aber habt Mut: Ich habe die Welt besiegt" (Joh 16,33).

Den üblichen menschlichen Ängsten steht also das Leben gegenüber, das der Glaube verheißt. Die Bibel ermutigt uns deshalb, uns in Ängsten an Gott zu wenden. „Vom Ende der Erde rufe ich zu dir; denn mein Herz ist ver-

zagt“, heißt es im Psalm (61,3). In einem anderen: „...er entriß sie ihren Ängsten“ (107,6). Das heißt nicht, daß es für die Gläubigen keinen Anlaß mehr gäbe, sich zu ängstigen. Schon deshalb nicht, weil Menschen ja selbst einander Angst einjagen. Aber wir brauchen nun keine Angst mehr vor der Angst zu haben. Mitten in die Angst hinein, die zu unserer Vergänglichkeit nun einmal gehört, erfahren wir, daß auch sie im Blick Gottes ist, daß er uns darin nahe ist. Und daß er ein Leben ohne Angst für uns bereithält.
Auch Jesus kannte Angst. Am Ölberg. Und er sprach darüber mit dem, von dem er sich in diesem Augenblick verlassen fühlte. Aber gerade so überbrückte er den Abgrund der Angst und wußte sich in den Händen dessen, den er auch in dieser Situation seinen „Vater“ nannte. Schon der Gottesname des Alten Testaments „Jahwe“ bedeutet: „Ich bin der, der immer bei euch ist“. Angst entspringt zutiefst aus der Ungeborgenheit, aus der nicht zu leugnenden Hinfälligkeit unseres Lebens. Im Glauben aber weiß ich, daß ich hoffen darf, nicht ins Bodenlose zu fallen, sondern in die Hände des lebendigen Gottes.

Das Leben deuten

Mehr als alles

Die letzten 40 Jahre haben uns unglaubliche Fortschritte gebracht. Ohne Computer, ohne Atomkraft könnten wir uns unsere Welt kaum noch vorstellen. Herzen und Nieren werden verpflanzt. Das durchschnittliche Lebensalter steigt ständig – zumindest bei uns in Europa. Neuestes Forschungsgebiet ist die Gentechnik.
Inzwischen aber bekommen wir Zweifel, ob technische Fortschritte in jedem Fall den Menschen dienen, oder ob damit dem Mißbrauch – bis hin zur Katastrophe – unter Umständen Tür und Tor geöffnet werden. Manche sagen: „Wenn wir nicht umdenken, wird unsere Erde unbewohnbar.“ Das scheint mehr als bloße Panikmache zu sein. Man ruft deshalb nach Gesetzen, die den Mißbrauch der Forschung einschränken.
Vor allem wächst die Einsicht, daß die Frage nach dem Sinn des Lebens durch immer neue Fortschritte nicht beantwortet wird. „In allem ist etwas zu wenig“, sagt Ingeborg Bachmann. Vor allem jüngere Menschen halten es heute manchmal für unverantwortlich, noch Leben weiterzugeben. Aber es gibt auch viele positive neue Denkansätze. Man sucht wieder einen Weg nach innen – also nach Besinnung und Vertiefung als Gegengewicht gegenüber einem übersteigerten Aktivismus. Und man sucht einen Weg über alles Vordergründige, Meßbare, Innerweltliche hinaus. Meditationsangebote sind gefragt. Man sucht „mehr als alles“. Zweifellos positive Denkansätze und Bemühungen. Andere versuchen es mit okkulten Praktiken.

Mit Magie, mit Pendeln, Tischrücken, Spiritismus sucht man Kräften einer verborgenen Wirklichkeit näherzukommen, die unser Leben beeinflussen. Viele glauben wieder an die Existenz von Geistern und Dämonen, mit denen man Verbindung aufnehmen kann. Bücher über Astrologie, Zauberei und Hexenkult füllen die Regale der Buchhandlungen. Das alles sind Suchbewegungen, die vielfach gerade jüngere Menschen ansprechen.
Die Frage ist, ob derartige Versuche den Menschen wirklich aus seinem nur-rationalen Weltbild hinausführen, oder ob sie neue Dimensionen nur vorgaukeln und sie sich am Ende als Sackgassen erweisen. Denn auch die Kräfte, die man hier aktivieren will, gehören noch zur Schöpfung, zur „Welt". In eine jenseitige Dimension können sie uns nicht katapultieren. Die erreichen wir nicht mit unseren Kräften, auch nicht mit magischen. Diese wirklich andere Dimension wird uns im Glauben erschlossen. Er allein ist die Kraft, die im Leben und Sterben trägt. Gemeinschaft mit Gott ist mehr als Kontakt mit Geistern und Verstorbenen. Jene sind selbst wieder nur Geschöpfe, und deshalb können sie nicht wirklich über unsere Welt hinausführen. Wirklich neues Leben erfahren wir auch nicht über den Weg der Ekstase oder des Kontaktes mit Außerirdischen, nicht durch den Blick in die Sterne, nicht durch Beschwörung von Toten und Geistern. Nur von Gott her kann uns eine wirklich neue Dimension erschlossen werden. Gott sei Dank hat er sie uns erschlossen.

Ein bißchen Silber…

„Ein weiser Mann wurde gefragt: ‚Wieso verändert das Geld den Menschen so sehr? Kommt man zu einem Armen, so ist er freundlich und hilft, wo er kann. Ein Reicher aber sieht einen oft nicht einmal an. Warum ist das so?' Der Weise tritt mit dem Fragenden ans Fenster: ,Was siehst du?' – ,Ich sehe Bäume, ich sehe Menschen, ich sehe spielende Kinder.' ,Dann tritt jetzt vor diesen Spiegel. Was siehst du jetzt?' ,Nun, was werde ich sehen? Mich selber, und was hinter mir ist.' Der weise Mann: ,Siehst du, das Fenster ist aus Glas, und der Spiegel ist ebenfalls aus Glas. Man braucht nur ein bißchen Silber dahinterzulegen, und schon sieht man nur noch sich selbst!'"

Wie schnell kann das geschehen, daß ich nicht mehr durchblicke, nicht mehr die Vielfalt um mich herum sehe, nicht mehr den anderen. Man blickt nicht mehr durch, weil man zu sehr mit sich selbst beschäftigt ist. Statt nach draußen zu schauen, sieht man nur noch sich selbst und die eigene Umgebung. Ein bißchen Silber, ein bißchen mehr an Geld, Besitz und persönlichem Ansehen, und Menschen ändern sich. Aus bescheidenen, liebenswürdigen Leuten können machtbewußte, selbstsüchtige Zeitgenossen werden. Wer hat nicht schon Veränderungen an anderen erlebt, wenn sie in gehobene Positionen kamen, wenn sie etwas zu sagen hatten, Ansehen gewannen. An-Sehen gewinnen, das Wort verrät vieles: Da rücken Menschen in den Blick der Öffentlichkeit, andere schauen auf sie, sehen sie an, vielleicht mit Neid. Aber sie selbst sehen mehr und mehr nur noch sich selbst.

Jeder ist in dieser Gefahr. Lassen wir uns nicht alle blenden von ein bißchen äußerem Glanz, von Redegewandtheit, von eleganter Kleidung? Und wie oft werden solche Menschen beneidet! Blättert aber das Silber ab, das heißt: Werden die Fehler und Grenzen solchen Glanzes deutlich, dann ist es mit dem Ansehen bald vorbei. Wir hören öfter in den Nachrichten von Politikern und anderen Verantwortlichen aus den Chefetagen, daß sie ihren Platz räumen müssen. Und wie schnell ändert sich dann unbemerkt auch unsere Einstellung zu den ehemaligen Größen. Dabei möchte doch jeder von uns sich ein wenig im eigenen

Glanz spiegeln; jedoch merkt man selbst am wenigsten, wie der Glanz allmählich verblaßt – nicht nur, weil wir älter und unansehnlicher werden. Das flotte Auto, die großzügige Einladung verschaffen eine Zeitlang Ansehen – bei dem, der nicht durchblickt. Jesus sagt den schockierenden Satz, daß eher ein Kamel durch ein Nadelöhr geht, als ein Reicher ins Reich Gottes kommt. Auch wenn man zur Erklärung sagt, daß hier nicht das Öhr einer Nähnadel gemeint ist, sondern ein kleines Schlupfloch neben dem Stadttor, wenn dieses nachts geschlossen ist, so bleibt das Bild doch erschreckend. Das Gleichnis von dem Fensterglas und dem Spiegel hat mir geholfen, dieses Wort verstehen zu lernen. Wer nur sich selbst sieht, wie kann der einen Blick haben für das, was von Gott her kommt? Zum Glück zeigt Christus in dem gleichen Zusammenhang, daß es zwar für den Menschen unmöglich, für Gott aber möglich sei, einen solchen Menschen zu retten. Vielleicht geht das nur, wenn er ein bißchen an der Silberschicht kratzt.

Im Dunkel hilft nur Vertrauen

Wie gerne möchten wir manchmal in die Zukunft schauen können. Aber ich denke, es ist gut, daß wir nicht alles voraussehen. Ich las kürzlich: Indianische Führer in den Anden verbinden ihren Packeseln oft die Augen, damit die Tiere nicht sehen können, wie groß ihre Last ist. Wird die Binde wieder abgenommen, dann bereitet es große Schwierigkeiten, bis sich die Tiere die Last wieder aufla den lassen.

Auch uns Menschen sind die Augen verbunden, wenn wir in die Zukunft sehen möchten. Gewiß, wir können in etwa übersehen, was der heutige Tag bringen wird; aber es kann ganz anders kommen. Erst recht gilt das für die entferntere

Zukunft. Viele Ängste heute haben ihre Ursache in der Undurchsichtigkeit unserer Zukunft. Wie wird es weitergehen? Was in diesem Jahr noch alles geschehen wird, liegt im Dunkel. Wir stehen wie vor einer Bühne, deren Vorhang geschlossen ist.

Mehr denn je sind heute Menschen in der Versuchung, den Vorhang zu öffnen, um in die Zukunft zu schauen. Da wird versucht, mit Tischrücken, durch Kontakt mit sogenannten „Jenseitigen“, aus Kartenspielen und Horoskopen, mit Pendeln oder wie auch immer die Zukunft in Erfahrung zu bringen. Ich denke, daß hier oft auch Geschäft und Täuschung mit im Spiel sind. Aber zweifellos gibt es parapsychische Kräfte, die noch wenig erforscht sind. Es gibt Menschen, die die Fähigkeit haben, Zukünftiges vorauszusehen. Ich kannte vor Jahren einen solchen Mann. Weder mit Kaffeesatz noch mit irgendeinem anderen Mittel konnte er diese Fähigkeit aktivieren. Sie war gelegentlich da, ohne daß er es wollte. Und sie war für ihn eine Last.

Es ist oft eine Gnade, die Zukunft nicht zu kennen, vor allem, wenn uns Schweres bevorsteht. Die Angst davor würde uns womöglich umbringen oder lähmen. Kommen jedoch schwere Ereignisse nach und nach auf uns zu, wachsen damit auch unsere inneren Kräfte. Aber selbst unerwartete Katastrophen machen Kräfte mobil, die wir uns im voraus nie zugetraut hätten. Im nachhinein wundere ich mich zum Beispiel, wie ich die Belastung des 2. Weltkrieges seelisch durchhalten konnte. Hätte ich all das, was mich da erwartete, vorher gewußt, ich glaube, ich wäre daran zerbrochen.

Wer glaubt, braucht keine Hilfen, um die Zukunft zu erhellen. Natürlich muß ein Staat, muß eine Familie, muß ein einzelner an die Zukunft denken und sich abzusichern suchen. Wo aber menschliche Berechnungen aufhören, beginnt für den gläubigen Menschen die Kraft des Vertrauens – des Vertrauens, daß auch das Dunkel unserer Zukunft nur der Schatten der Hand Gottes ist, aus der wir nicht herausfallen können. „Ich habe dich eingezeichnet in meine Hände" (Jes 49,17). Unmittelbar bevor Jesus seinen Geist aufgibt, stirbt, betet er: „Vater, in deine Hände lege ich mein Geist" (Lk 23,46): Nirgendwo sagt der Glaube uns zu, daß alles glatt gehen wird. Aber er läßt uns vertrauen, daß in allem Dunkel der Zukunft Gott mit uns ist.

Was machen übrigens die Menschen, die mit Hilfe von Horoskopen und Wahrsagern die Zukunft erhellen möchten, mit dem vielen Dunkel, das dann immer noch bleibt? Nur weniges wird ihnen prophezeit, und wer weiß, ob es stimmt. Vielleicht vergrößert das Vorherwissen nur noch die Ängste. Dann bleibt eben doch nur das Vertrauen.

Im Psalm 23 heißt es: „Muß ich auch wandern in finsterer Schlucht, ich fürchte kein Unheil; denn du bist bei mir." Zu diesem Psalmwort soll der Philosoph Immanuel Kant gesagt haben: „Ich habe in meinem Leben viele kluge und gute Bücher gelesen, aber ich habe in ihnen allen nichts gefunden, was mein Herz so still und froh gemacht hätte wie diese vier Worte: ‚Du bist bei mir.'"

... wie Gras und Ufer

In einem Lied, das von Jugendlichen gern gesungen wird, heißt es: „Wir wollen Freiheit, um uns selbst zu finden, Freiheit, aus der man etwas machen kann..." Und in der nächsten Strophe dann: „Und dennoch sind da Mauern zwischen Menschen, und wie durch Gitter sehen wir uns an." Sinngemäß geht es dann weiter: „Unser versklavtes Ich ist ein Gefängnis, gebaut aus den Steinen unserer Angst."

Eine tiefe Sehnsucht nach Offenheit, nach Freiheit, spricht

aus diesem Lied, aber auch die große Angst, enttäuscht zu werden. Wir möchten frei sein, aber gleichzeitig bauen wir selbst Mauern zwischen uns und dem anderen, Mauern um das eigene Herz. Mauern aus Furcht, es könnte jemand in uns hineinsehen. Mauern, die uns schützen sollen vor Enttäuschungen, vor Verwundungen, Verletzungen. Und wem wäre es nicht schon so ergangen, daß er enttäuscht wurde, obwohl oder gerade weil er sich geöffnet hatte; enttäuscht von einer Freundschaft durch mißbrauchtes Vertrauen; enttäuscht durch das Urteil anderer Menschen; enttäuscht, daß Gutgemeintes mißverstanden wurde; enttäuscht auch von sich selbst, von den eigenen Schwächen und Grenzen. Kein Wunder, daß man sich dann zurückziehen möchte in den Schutz einer Mauer von Vorurteilen, von Hemmungen; hinter Gitter des Mißtrauens und der Distanz, um das leicht verwundbare eigene Ich zu schützen. Und das gleiche wiederholt sich zwischen Völkern: Mauern und Befestigungen aus Angst vor dem Nachbarn.

Gleichzeitig leiden wir unter diesen Mauern. Wir möchten eigentlich mehr aus uns herausgehen, möchten freier sein. Denn wer sich vor allen Enttäuschungen schützen will, schließt damit auch Kontakt und Begegnung aus. Auch das gilt wieder nicht nur im Leben des einzelnen, sondern auch im Miteinander der Völker. Freiheit, Kontakt, Offenheit, Schutzlosigkeit sind nicht ohne Risiko möglich. Wer jeden Schmerz fernhalten will, verbannt auch die Möglichkeit der Freude. Wer Enttäuschungen ausschließen will, schließt zugleich auch die Hoffnung aus; will ich die Möglichkeit vermeiden, Abneigung zu erfahren, erfahre ich auch keine Zuneigung. Ich las kürzlich: „Wenn wir alles Unkraut vermeiden wollen, müssen wir den Acker betonieren, aber wo wächst dann der Weizen?"

Jüngere Menschen sind heute meist offener untereinander als wir Älteren. Aber jedes Mal, wenn es mir gelingt, über

die Mauer ängstlicher Hemmungen zu springen, auf jemanden zuzugehen, bin ich nachher sehr froh. Die letzte Freiheit kommt mir aus dem Glauben an Gott, den Vater, vor dem ich ganz offen sein kann, und der mich auch in meinen Schwächen und Ängsten versteht. „Mit meinem Gott springe ich über Mauern“, heißt es in Psalm 18, auch über die Mauer um das eigene Herz.
In dem zuvor genannten Lied heißt der Kehrvers: „Herr, deine Liebe ist wie Gras und Ufer, wie Wind und Weite und wie ein Zuhaus.“ Wie Gras und Ufer – also wie etwas, an das man sich halten kann, wo man festen Boden unter den Füßen hat. Aber zugleich Wind und Weite – also nicht Enge und Mauer – und doch ein Zuhaus.

Versöhnung mit der Wirklichkeit

Auf die Frage: „Wie geht es Ihnen“, antworten wir meist mit: „Danke, es geht.“ Sehr glücklich klingt das häufig nicht. „Hauptsache gesund“, sagen wir. Aber sind wir dann schon glücklich?
Vielleicht hilft uns ein Märchen, an die Antwort heranzukommen: „Ein König – so heißt es da – war sehr traurig und unglücklich. Nichts half, ihn glücklich zu machen. Schließlich erklärte ein weiser Mann: Ihr müßt einen glücklichen Menschen finden. Wenn ihr ihm das Hemd auszieht und es dem König anlegt, dann wird auch der König wieder froh und glücklich sein. Boten machten sich auf den Weg, um einen glücklichen Menschen zu suchen. Aber das war nicht so einfach. Der eine war gesund, aber arm, der andere reich und krank; ein anderer wiederum lebte in dauerndem Streit mit den Menschen. Keiner war rundherum glücklich, weil ihm immer etwas fehlte. Eines Tages aber trafen die Boten auf einen Mann, der ganz und gar

glücklich schien. Er beschloß seinen Tag mit dem Gebet: ‚Gott sei Dank, meine Arbeit ist getan, ich bin satt, ich kann ruhig schlafen, was soll ich mir noch wünschen, ich bin glücklich.' Der glückliche Mensch war also gefunden. Aber als man ihn bat, sein Hemd dem König zu geben, damit auch dieser glücklich werde, stellte sich heraus, daß der glückliche Mensch kein Hemd besaß." Soweit das Märchen.

Glücklich wird man demnach nicht durch das, was man besitzt; auch das, was man tut, ist keine Garantie für das Glück. Gelegentlich höre ich von Ehepartnern, deren Ehe zu scheitern droht: „Und wir hatten uns doch gemeinsam die letzten Jahre so geplagt und auch ein Haus gebaut. Und jetzt, wo wir ein bißchen zur Ruhe kommen und glücklich sein könnten, zerbricht unsere Ehe." – Da hat man also auf das gemeinsame Glück hingearbeitet, und nun – oder muß man vielleicht sagen: gerade dadurch – kehrt das Glück nicht ein. Einer der Gatten oder auch beide haben erfahren, daß das noch nicht das wahre Glück ist. Und wenn auch nur einer es dann anderswo sucht, ist beider Glück zerbrochen. Ob aber dieser eine es auf die Dauer anderswo wirklich findet? Glück kann man nicht machen. Man kann aber andere glücklich machen. Und dadurch wird dann auch das eigene Leben gut.

Glück – las ich einmal – kann nur bestehen in der Versöhnung mit der Wirklichkeit, die man selbst ist und in der man lebt. Versöhnung also auch mit den eigenen Möglichkeiten und Grenzen. Glück bedeutet Harmonie mit sich selbst und der Welt. Der Bibel nach können deshalb selig – und das heißt glücklich in umfassendem Sinn – auch die Armen und Trauernden, die Verfolgten sein. Die Bedingungen machen das Glück nicht aus, sondern die Art und Weise, wie ich mit meinen Lebensbedingungen existiere: Ob ich auch in ungünstigen und bedrohlichen Umständen um eine letzte Geborgenheit und Sinnhaftigkeit weiß. Die freilich kann ich mir nicht geben, kann ich nicht machen. An die kann ich nur glauben. Aber gerade damit beginnt ja schon das Glück, daß ich auf etwas hoffen, an etwas glauben kann.

Den Schatz im Innern heben

Gleichniserzählungen sagen mir viel, und deshalb sage ich sie gerne weiter. „Ein Winzer hatte große Weinberge. Sein Leben lang wollte er, daß seine Söhne tüchtige Winzer würden. Noch auf dem Sterbebett war das seine Sorge. Deshalb sagte er zu ihnen: ‚In einem meiner Weinberge ist ein Schatz vergraben.' Nach seinem Tod griffen alle drei zu Pflugschar und Hacke und gruben den ganzen Besitz um. Den Schatz fanden sie nicht. Aber die so bearbeiteten Weinberge brachten gute Frucht. Auf die Dauer brachten sie mehr ein als der Schatz hätte bringen können."

Im Eigenen graben, nicht im Neid nach dem schielen, was andere haben oder tun, da liegt das Erfolgsrezept derer, die es zu einem wirklich „reichen" Leben gebracht haben. Lotteriegewinne sind die Ausnahme; und es gibt Statistiken darüber, daß sie nur in seltenen Fällen auf die Dauer Glück brachten. Die Regel ist, daß jeder aus sich herausholen muß, was in ihm steckt.

Im Eigenen graben. Weiß ich denn überhaupt, was in mir steckt? Nur wenige Menschen malen. Aber man behauptet, fast jeder könne es lernen. Oft fehlt in der Jugend die Möglichkeit, eine Fähigkeit oder auch nur ein Hobby auszubilden. Begabungen werden nicht erkannt. Jemand traut sich nicht viel zu, oder andere trauten ihm nichts zu. Mancher war einfach zu faul und bedauert es jetzt. So bleiben Reichtümer ungehoben, Werte ungenützt. Es reicht im Leben dann zwar zum Sattwerden, aber wirklich „reich", innerlich reich, fühlen sich solche Menschen kaum. Ein

„Schatz“ ist dieses Leben nicht. Und leicht erwartet man dann alles von anderen. Oder vom glücklichen Zufall, und der ist launisch und trügerisch.
Manches ist im Leben nicht mehr nachzuholen, vieles aber doch. Gelegentlich hört man von älteren Menschen, die noch ein Hobby lernen und darin Erstaunliches vollbringen. Aber nicht die Leistung und Anerkennung ist das Wichtigste; oder gar der Gewinn daraus. Sondern das Entdecken des Schatzes. Die Erfahrung des inneren Reichtums. Reich an materiellen Gütern wird dabei kaum einer. Wohl aber lohnt das Graben in die Tiefe und die Breite hundertfach den Eifer. Ich bin sicher, daß man so besser leben kann, vielleicht sogar länger.
Der Schatz, um den es in der Bibel geht, ist das Reich Gottes. Also das, was Gott mit dem Menschen vorhat und für ihn bereithält. Das ist längst von Gott her im Menschen grundgelegt. Es kommt darauf an, den Schatz zu heben. Gott hat weit mehr mit uns vor, als diese oder jene Fertigkeit zu entwickeln. Und deshalb ist auch das, was er schenken will, schwieriger zu finden und zu verwirklichen als eine menschliche Fähigkeit. Aber dafür dürfen wir auch damit rechnen, daß er das Seine dazutut; das, was kein Mensch leisten kann. Freilich fällt auch das, was Gott schenken will, nicht in den Schoß wie ein Lotteriegewinn. Es wird nur von dem gefunden, der gräbt und nicht an der Oberfläche bleibt. Dann aber gilt: Der Schatz, den Gott gibt, ist nicht ein seltener Glücksfall, auf den kaum einer hoffen kann – so wie die vergrabenen Schätze die Ausnahme sind. Dieser Schatz ist jedem angeboten. Die Bibel sagt, das Reich Gottes, der Reichtum Gottes ist schon in eurem Innern, ist schon unter euch (Joh 17,21). Das Graben danach hat schon manches Leben reich gemacht. Pascal sagt: „In jedem Menschen ist ein Abgrund, den man nur mit Gott füllen kann.“

Mehr vom Leben haben

Haben Sie schon einen Blick in die heutige Tageszeitung geworfen? Manche Menschen lesen die Zeitung von hinten nach vorn, sie beginnen mit den Anzeigen. Für was da nicht alles geworben wird! Eine ganze Wissenschaft untersucht und testet, wie Menschen angesprochen werden müssen, damit ihr Interesse für etwas erwacht, an das sie im Traum nicht gedacht hätten.

Da wird zum Beispiel geworben mit dem Wörtchen „man". Man, das ist Herr oder Frau Jedermann. Das ist jeder, der modern sein will. Da heißt es: „Man trägt wieder..." Dieser Jedermann ist natürlich ein anspruchsvoller Typ, deshalb heißt es: „Für Leute von Geschmack", „Für Leute von heute", für den „Anspruchsvollen", für den „verwöhnten Geschmack", „Kenner wählen...". Jedesmal wird ein Leitbild des modernen Durchschnittsbürgers aufgestellt. In dem Maß, wie man sich diesem Bild anpaßt, ist „man" modern. Daß jedermann etwas tut, ist einer der stärksten Trümpfe, den die Werbung auszuspielen hat. Jedermann raucht dies, trinkt jenes. Es gehört ungemein viel Selbständigkeit dazu, sich diesem Sog des „man" zu entziehen. Schon das Kind gebraucht den Eltern gegenüber das für es durchschlagende Argument: „Aber das tun, das dürfen doch alle...". Das, was alle tun, weist offenbar den Weg zum Glück, zu einem erfüllten Leben. Es wird suggeriert: Wer dies oder jenes kauft, ißt, raucht, anzieht, besitzt, hat mehr vom Leben. Und damit sich das Gewissen wegen der Geldausgabe beruhigt, wird gleich die „Absolution" mitgeliefert: „Genuß ohne Reue" oder „Gönnen Sie sich mal was". Und wem dann noch Zweifel kommen, dem wird bescheinigt, daß er offenbar ein Außenseiter der menschlichen Gesellschaft ist. Denn, was „man", was alle tun, kann doch nicht so falsch sein.

Bei Modefragen mag es noch unerheblich sein, ob man

sich auf diese Weise verlocken läßt. Aber bin ich sicher, daß ich, wenn ich hier nachgebe, das nicht auch bei wichtigeren Entscheidungen tue? Wird eine Sache dadurch richtig, daß viele sie tun? Daß alle das tun, ist ohnedies nicht wahr. – Vor Gott gilt der einzelne. Und jeder einzelne hat einen sicheren Instinkt für das, was gut und richtig ist. Er hat aber genauso ein Verlangen nach dem, was leichter, genußvoller, bequemer ist. Und darum läßt er nur zu gern sein Gewissen umstimmen im Sinne von „Was man (!) wünscht, das glaubt man gern". Und wenn ich mich ein Leben lang daran gewöhnt habe, eigene Entscheidungen danach zu fällen, was die vielen tun, wird mein Instinkt für das, was für mich gut wäre, allmählich stumpf. Verbraucherorganisationen sagen gelegentlich, der Kunde solle wählerisch sein. Genau darum geht es. Es gilt, auch in nebensächlichen Dingen sein eigenes Urteil zu fällen, ohne Parteinahme für die eigene Neigung. Das Leichtere, das Angenehme ist nicht immer das Richtige oder gar das Bessere. Im Gegenteil: Wenn etwas zu leicht fällt, zu sehr meiner Neigung entspricht, kann Mißtrauen angebracht sein, demgegenüber was alle tun und mir selbst gegenüber. Wie gesagt: Was man wünscht, das glaubt man gern.
Je älter ich werde, um so verständlicher wird mir der zunächst so unverständliche Satz der Bibel: „Wer das Leben gewinnen will, wird es verlieren" (Mt 10,39). Das heißt: Wem es immer nur um sich selbst geht, wer aus allem immer nur für sich das Angenehmste herauszupicken sucht und meint, das sei „das Leben", wer also nicht auch von sich absehen kann, um beispielsweise für andere da zu sein, der verliert, was wirklich lohnenswertes Leben heißt.

Sich selbst ein Rätsel

Über kaum etwas gehen die Meinungen so auseinander wie über die moderne Kunst. Bei Picasso zum Beispiel wird der Mensch oft mit völlig verrenkten Gliedmaßen dargestellt. Das Auge hängt auf der Backe, während andere wichtige Einzelheiten fehlen. Was mögen sich die Künstler, die diese Werke schufen, dabei gedacht haben? Sie wollten offenbar kein Konterfei anbieten, nicht fotografieren – das kann die Kamera ohnedies besser und genauer. Sie wollen etwas aussagen über das Wesen „Mensch". Vielleicht will der Künstler dadurch, daß er das menschliche Antlitz, die menschliche Gestalt in sich verschiebt und verzerrt, zum Ausdruck bringen, daß der Mensch sich selbst ein Rätsel bleibt, daß er vielgesichtig ist, immer wieder anders. Ein Buchtitel heißt: „Der Mensch – das unbekannte Wesen".

Gilt denn das auch heute noch, wo wir mehr über den Menschen wissen als je zuvor? Die Medizin, die Vererbungslehre, die Psychologie und Soziologie sagen uns manches über den Menschen, von dem wir früher nichts wußten. Gibt es nicht bereits Versuche, den Menschen zu verbessern, seine Erbanlagen zu verändern? Wir wissen, daß Computer tausendmal schneller rechnen als der Mensch. Aber niemals wird diese Maschine selbst ein Mensch sein. Einzelne Funktionen des Menschen lassen sich leicht ersetzen, aber der Mensch als Ganzer ist etwas Vielschichtiges, Geheimnisvolles. Sind wir uns nicht selbst oft ein Rätsel? Je mehr wir über uns wissen, um so mehr neue Fragen tun sich auf.

Und finden wir uns nicht voller Widersprüche? Wir sind Leib, das merken wir in der Krankheit am stärksten. Aber wir sind zugleich Geist: Wir sind offen und weltweit, unbegrenzt in unseren Gedanken und Sehnsüchten – zugleich aber wieder in uns selbst hinein verschlossen. Wir

sind frei und doch gebunden. Wir sind selbständig, unabhängig und doch ohne den Mitmenschen keine vollen Menschen. Der Mensch scheint Macht zu haben, die Welt zu bestimmen – und erfährt zugleich, daß er nicht einmal mit sich selbst fertig ist.
Irgendwie sprengt der Mensch alle Maße. Ob das nicht ein Zeichen ist, daß diese Welt ihm zu klein ist, daß er in eine Dimension hineinragt, die wir mit all unseren Messungen und Forschungen nie ausloten können? Schimmert da nicht eine andere Wirklichkeit durch, anders als die, in der wir jetzt leben?

Maschinen sind auch nur Menschen

Es gibt Automaten, an denen – oder besser: *vor* denen – man durch einen Roboter bedient wird. Man wählt an einer Tabelle das Gewünschte. Sobald man das entsprechende Geld eingeworfen hat, setzt sich ein Roboter in Bewegung. Er gleitet an der Scheibe entlang, greift nach der Ware und transportiert sie zu einem Fenster, wo sie dem Käufer entgegengehalten wird.
Was mich und manchen anderen Zuschauer dabei am meisten beschäftigte, war ein Spruch an einem solchen Schaufenster: „Maschinen sind auch nur Menschen."
Maschinen sind auch nur Menschen, das klingt wie eine Entschuldigung für den Roboter. Menschen begehen Fehler, oder sie irren sich – wundere dich also nicht, wenn auch dieser Automat einmal einen Fehlgriff tut. Oder soll es heißen: Wenn du dich über die unpersönliche Bedienung ärgerst – so ganz ohne Lächeln und Rückfrage, ob es sonst noch etwas sein dürfe –, dann denke daran, wie unpersönlich und mechanisch die Bedienung durch Menschen sein kann. Oder ist der Spruch noch tiefsinniger ge-

meint: Maschinen leisten immer nur so viel, wie Menschen in sie hineinprogrammieren?

Maschinen sind auch nur Menschen. Das Maß, nach dem hier beurteilt wird, ist also der Mensch. Auch die Maschine wird an ihm gemessen. Und dieser Mensch ist bescheiden genug, sich seine Unvollkommenheit einzugestehen und von der Maschine quittieren zu lassen. Schon der kleine Schuß Humor, der darin steckt, ist etwas Menschliches. Die Maschine kann nicht über sich selbst lächeln oder sich entschuldigen. Hier ist ihre Grenze, hier beginnt das Menschliche. Ich finde dieses Plädoyer für die Maschine so menschlich. Wenn schon Maschinen nur Menschen sind, um wieviel mehr wird man sich ein andermal daran erinnern, daß selbst die Menschen nur Menschen sind. Diese Selbstverständlichkeit muß uns manchmal auf eine schockierende Weise gesagt werden, sonst ist es zu selbstverständlich und betrifft uns nicht. Auch Kinder, Kranke, Mitarbeiter, Kunden, ja sogar Querulanten... sind also nur Menschen; aber auch Lehrer, Priester, Eltern usw.

Aber sie sind eben auch wirklich Menschen. Ein Glück, daß es „nur Menschen" sind. Tröstlich für jeden von uns. Ich hätte es geschmacklos empfunden, wenn an dem Laden gestanden hätte: Maschinen sind doch die besseren Menschen. Die Ausdauer, Zuverlässigkeit, Widerspruchslosigkeit und Dienstbereitschaft der Maschine mag den Menschen übertreffen. Trotzdem ist mir ein Mensch, der versagen kann, lieber als maschinelle Routine. Wenn aber schon Routine, so ist sie mir bei einer Maschine erträglicher als bei einem Menschen. Ich wünsche mir jedenfalls, Menschen zu begegnen. Hoffentlich haben diese wiederum nicht das Empfinden, in mir einem Automaten gegenüberzustehen.

Es gab einmal einen, von dem gesagt wurde: Seht, was für ein Mensch! Und gerade von dem wissen wir, daß er niemals aus Routine sprach oder handelte. Aber von ihm wissen wir auch, daß er von Gott kam. Nichts bewahrt mich mehr davor, der Maschine ähnlich zu werden, als wenn ich mich an ihn halte.

Mit der Wüste leben

In die Wüste gehen

Vor über 40 Jahren wurden durch Zufall nordwestlich des Toten Meeres große Höhlen entdeckt. Darin fand man gut erhaltene Handschriften des Alten Testamentes. Diese Höhlen von Qumram, wie der Fundort heißt, gehörten zu einem großen Wüstenkloster, dem vermutlich auch Johannes der Täufer eine Zeitlang angehörte.
Was brachte jene Menschen dazu, in die Wüste zu gehen und dort unter armseligen Bedingungen zu leben? Man könnte genausogut fragen: Was läßt heute junge Menschen den Wohlstand des Elternhauses verlassen und unter Umständen bis nach Indien gehen, wo sie vielleicht in äußerster Armut leben? Meist möchten sie um alles in der Welt nicht mehr mit uns tauschen; sie fühlen sich so freier, den Zwängen der Leistung und des Konsums entkommen. Oder noch einmal anders gefragt: Warum haben heute gerade jene Klöster kaum Nachwuchssorgen, die am stärksten Distanz zur Betriebsamkeit des Alltags halten, die sogenannten beschaulichen Orden?
Ärzte, Psychologen und Meister des geistlichen Lebens machen den Vorschlag, gelegentlich einen sogenannten Wüstentag einzulegen. Das bedeutet: einen ganzen Tag mit sich allein in der Stille leben. Nicht um dort Briefe zu schreiben oder Zeitung zu lesen oder Vorträge vorzubereiten. Nein, ein Wüstentag ist ein Tag, an dem ich mich mir selbst stelle und Bilanz des eigenen Lebens ziehe. Ein Wort aus der Bibel kann mich den ganzen Tag begleiten, und in seinem Licht kann ich versuchen, mein Leben zu deuten.

Wohin treibe ich, oder wohin lasse ich mich treiben? Was ist mir wichtig? Wo sind meine Schwächen? Woher beziehe ich meine Kraft, oder warum bin ich so leer und kraftlos?

Wenn ich in dieser Weise zur Ruhe komme, kann es durchaus sein, daß ich noch mehr Dürre und Leere in mir spüre als in der Hektik des Alltags. Aber gerade auf Leere käme es an: dieses bißchen Wüste auszuhalten, mir dann nicht selbst wieder auszuweichen und diese Stunden der Stille abzubrechen.

Ein Buch, das „Briefe aus der Wüste“ enthält, trägt den Titel „Wo der Dornbusch brennt“ (C. Carretto). Der Titel will an die biblische Erzählung erinnern, die berichtet, wie Mose in einem armseligen Dornbusch eine Gotteserfahrung aufleuchtete. Das Unscheinbarste kann zu leuchten, zu brennen beginnen, wenn ich wirklich zu mir selbst komme; wenn die vielen anderen Eindrücke um mich herum verblassen. Wenn mein inneres Auge und Ohr geschärft sind.

Die Fasten- und Bußzeiten der Kirche wollen etwas Ähnliches: Sie wollen uns ermutigen und zugleich helfen, durch Konsumverzicht mehr zu uns selbst zu kommen, von Abhängigkeiten frei zu werden. Verzicht nicht nur auf üppige Mahlzeiten, sondern auch auf die uns oft erdrükkenden Eindrücke durch Funk, Fernsehen, Feste, Zerstreuung... Das mag uns zunächst wie eine Wüste vorkommen. Plötzlich ist da ein Vakuum, ich empfinde Leere und Verlust. Ist die Wüste aber durchquert, bin ich jedesmal freier und zufriedener.

Wenn es kein ganzer Tag sein kann, hilft manchmal schon eine Wüstenstunde; in einer solchen Stunde, in die ich nichts hineinpacke, die ich nicht verplane, in der ich mir nicht die Zeit vertreibe, kann es geschehen, daß mir Gedanken kommen, die ich noch nie vorher gedacht habe. „Es macht die Wüste schön, daß sie irgendwo einen Brunnen birgt“, sagt der kleine Prinz des Antoine de Saint-

Exupéry. Brunnen, aus denen man schöpfen kann, müssen aber gegraben werden. Oasen in der Wüste findet man nur nach mühsamem Weg.

Wüste als Lebenserfahrung

Bücher und Bildbände mit dem Thema „Wüste" schießen wie Pilze aus dem Boden. Und wenn ich ein Wochenende halte unter dem Thema „Mit der Wüste leben" melden sich weit mehr Interessenten als bei jedem anderen Thema. Merkwürdig!
Die wenigsten von uns haben wirkliche Wüsten gesehen: Steinwüsten, Sandwüsten. Wir verbinden damit die Vorstellung von Trockenheit, Dürre, Verlorenheit, Durst. Von Hitze, Schutzlosigkeit, Angst, Hunger und Tod. – Menschen aber, die die Wüste wirklich erlebt haben und nicht nur als Touristen einmal durchgefahren sind, sagen, daß die Wüste gleichzeitig faszinierend sei. Daß sie wie nichts anderes dem Menschen zu sich selbst verhelfen könne. Daß sie Ruhe, Frieden, Besinnung schenken kann, weil nichts den Menschen ablenkt. Da wird vieles unwichtig, was wir sonst meinen, nicht entbehren zu können.
Wenn Menschen heute von dem Wort „Wüste" angezogen werden, denken sie aber vermutlich weniger an die geologische Formation Wüste. Sie denken an Erfahrungen des eigenen Lebens. Wüste kann überall sein: um mich herum, in mir selbst. Wer gezwungen ist, ganz allein und ohne Beziehung zu leben, mag das wie die Dürre einer Wüste empfinden. Es gibt Wüsten der Langeweile, der Müdigkeit, der Krankheit. Die Erfahrung der eigenen Grenzen und der eigenen Ohnmacht, der inneren Dürre und Leere. – Wer kennt das nicht? Für den einen gleicht sein Beruf einer Wüste, weil er sich etwas ganz anderes gewünscht

hätte und nur notgedrungen diesen Beruf ausführt. Für einen anderen wird die Familie zur Wüste, weil darin jeder beziehungslos vor sich hinlebt. Streß, Depressionen, das alles sind Wüstenerfahrungen. Sprechen wir nicht gelegentlich auch von den Betonwüsten unserer Städte, unserer Hochhäuser? Selbst bei einer Party kann man sich doch völlig allein fühlen und trotz großen Alkoholkonsums innerlich verdursten. Manchmal buchstäblich eine wüste Angelegenheit.

Aber alle diese Erfahrungen haben auch eine positive Seite: Werde ich so nicht eher aufmerksam für das, was wirklich unser Leben lebenswert macht? Zwingt es mich nicht, statt an der Oberfläche zu bleiben, in die Tiefe zu gehen; sozusagen Brunnen zu graben, bis ich auf Quellen stoße, die wirklich den Lebensdurst stillen? Warum geht Jesus, geht Johannes in die Wüste? – Weil sie Ort der Gottesfindung und der Lebenserfahrung werden kann. Weil es dort nicht die vielen Stimmen gibt, die ablenken. Weil mir dort unwichtig wird, was mich sonst total ausfüllen, aber trotzdem nicht glücklich machen kann. Darum mag es sein, daß Gott selbst in die Wüste führt. Beim Propheten Hosea heißt es (2,16): „Darum will ich selbst sie verlokken, ich will sie in die Wüste hinausführen und sie umwerben." Die Wüste als Chance für mein Leben? Ein Werben Gottes um mich? Ein wunderbarer Gedanke.

Es gibt eigentlich nur zwei Möglichkeiten für uns, die uns in einem Gedicht von Martin Gutl aufgezeigt sind: „Von Blumengarten zu Blumengarten hasten – tief innen eine Sandwüste bleiben." Oder: „In der Wüste horchen, bis tief innen der Blumengarten wächst; bis die Armut zum Reichtum, die Fremde zur Heimat, das Nichts Alles wird."

Immer wieder berichtet die Bibel davon, daß Gott Menschen „in die Wüste führt". Nicht um sie zu quälen, sondern weil unter Umständen der Weg in die Freiheit durch die Wüste führt. Wüste meint in der Bibel nicht nur die geologische Formation, sondern immer auch eine Dimension im Menschen. Jeder von uns macht die Erfahrung der inneren Leere und Dürre. Erfahrung der Einsamkeit, der inneren Trockenheit, des Hungers nach Sinn und Glück.

Tief unter den Gebieten, die auf unserer Erdoberfläche als Wüste erscheinen, soll es zum Teil viel Wasser geben. An manchen Stellen dringt dieses Wasser an die Oberfläche, und es entstehen Oasen. An anderen Stellen müßten Menschen nur tief genug bohren, damit das Wasser an die Oberfläche käme. Wüstenboden selbst gilt weithin als sehr fruchtbar. Regnet es, wandeln sich manche Wüsten innerhalb von wenigen Tagen in eine blühende Landschaft. Die Wüste ist keine Mondlandschaft. Sie muß nicht ein Ort des Todes sein. Sie trägt in sich die Kraft zum Blühen.

Gilt das nicht auch vom menschlichen Leben? Wenn ich nicht an der Oberfläche bleibe, sondern tiefer bohre, nach innen horche, dann können Quellen aufbrechen, die lange verschüttet waren. Im tiefsten Inneren meines Selbst stoße ich letztlich auf Gott. Und wo Gott und Mensch einander begegnen, beginnt die Wüste zu blühen. „Die Wüste und das trockene Land sollen sich freuen, die Steppe soll jubeln und blühen. Der glühende Sand wird zum Teich und das durstige Land zu sprudelnden Quellen", heißt es beim Propheten Jesaja (Jes 35,1.7).

Im Glauben rechne ich damit, daß Gott auch in den Wüstenzonen meines Lebens da ist. Vielleicht gerade dort. So hat es jedenfalls das Volk der Israeliten bei dem Zug durch die Wüste erfahren. Ich darf darum immer wieder auf

Oasen in meinem Leben hoffen, in denen ich neue Kraft schöpfen kann. Oasen entstehen überall da, wo Menschen Zuwendung schenken und erfahren. Da blüht der Mensch auf. Da wird Wüste zurückgedrängt. Solche Oasen gilt es zu schaffen, Oasen des Trostes, der Versöhnung, der Gerechtigkeit. Wo das gelingt, da wird Wüste zurückgedrängt.
Was kann ich dazu beitragen, daß ein anderer aufblüht, daß die Wüstenstunden seines Lebens seltener werden? Manchmal genügt schon ein Wort. Aber Worte genügen da nicht, wo einer Wüstensituation jeder positive Aspekt fehlt. Ich denke an die wirklichen Wüstengebiete unserer Welt, etwa an die Sahelzone. Da fehlt Wasser. Gäbe es dort Wasser, könnten die Menschen leben. Dann wäre die Wüste nicht mehr tödlich. Diese Menschen haben nicht mehr die Kraft, sich selbst Oasen zu schaffen. Das müssen wir für sie tun. Und das gilt wahrscheinlich auch von manchem Menschen ganz in meiner Nähe.

Einsamkeit als Gewinn

Das Leiden, über das Patienten am meisten klagen, ist nach Aussage von Psychiatern die Einsamkeit. Wenn viele Menschen Abschnitte ihres Lebens als eine einzige Wüste, als leer und trostlos empfinden, dann ist oft die Einsamkeit die Ursache dieser Erfahrung. Einsamkeit aber muß nicht unbedingt durch Alleinsein kommen. In einem Hochhaus leben viele Menschen dicht beieinander, aber sie fühlen sich dort oft einsamer als in einem Dorf, wo die Häuser weit auseinanderstehen.
Woher kommt es eigentlich, daß ich in einem Zug immer ein leeres Abteil suche? Ähnliches beobachte ich in Lokalen, wo andere Menschen sich möglichst einen Tisch aus-

suchen, an dem sie allein sind. Sind sie kontaktscheu? Ist es die Angst vor oberflächlichem Geplauder? Oder auch Sehnsucht nach Stille? Wer kennt schon alle denkbaren Motivationen!

Es ist seltsam: Viele Menschen fürchten die Einsamkeit, suchen sie aber gleichzeitig. Besonders Ältere und Alleinstehende erfahren sie als die ungewollte eigentliche Wüste und Plage ihres Lebens. Auf die Dauer hilft da keine Ablenkung. Und auch immer neue Freunde und Gesellschaften sind nicht ohne Enttäuschung. Man kann unter Vielen erst recht einsam sein. Wie viele Partnerschaften entstehen aus dem Verlangen, sich gegenseitig aus der Einsamkeit zu lösen und scheitern dann an der Nichterfüllung dieser unbewußten Erwartung?

Ich las kürzlich, die Einsamkeit sei nur zu überwinden, wenn sie in Stille umgewandelt werde. Dann werde sie nicht mehr als Wüste erfahren, sondern als Lebenskraft. – Diese Umwandlung aber geschieht nicht von selbst.

Um sie zu erreichen, darf ich mir nicht davonlaufen, sondern muß in mich hineinhorchen. Eine schöne Theorie? Ich meine, das sei erfahrbar. Wenn ich einmal einen Abend frei, keine Lust zum Lesen habe, und einzig mir selbst ausgeliefert bin, dann versuche ich womöglich, mit irgend etwas anderem die Zeit zu vertreiben: Griff zum Telefon, Fernsehen, so vieles ist zur Hand... Bringe ich aber die Kraft auf, das Alleinsein zu ertragen, ja, es zu genießen, bin ich mir dadurch jedesmal selbst nähergekommen; womöglich auch anderen Menschen, näher als durch ein Telefonat. Von Gott gar nicht zu reden: Seine Nähe kann ich nicht erfahren, wenn ich nicht bei mir zu Hause bin.

So könnte auch Selbstbeherrschung wachsen: Wenn Sie in einer Erregung, die Sie ungerecht werden läßt – etwa bei einem Ärger in der Familie – es fertigbringen, sich für einige Minuten zurückzuziehen, zu sich selbst zu kommen, ruhig zu werden, dann kehren Sie anders in den Kreis zurück, aus dem Sie sich zurückgezogen haben. Und Sie

sind froh darüber, daß ein unbedachtes Wort ungesagt blieb. Die Stille macht fähig, wieder ausgeglichener zu sein.
Von Jesus berichten die Evangelien, daß er sich oft in die Einsamkeit zurückzog. Man muß die Einsamkeit bejahen, wenn sie zur erquickenden Stille werden soll. Ich wünschte, ich könnte mich öfters dazu entschließen. Es wäre ein Gewinn für den ganzen Tag.

Ruhe – mehr als eine Pause

„Eine Fabel berichtet von sieben Brüdern. Sechs davon gingen Tag für Tag zur Arbeit, der Siebte besorgte den Haushalt. Wenn die sechs Brüder abends müde von der Arbeit nach Hause kamen, fanden sie alles in bester Ordnung, das Essen stand bereit. Darüber freuten sie sich und lobten den Bruder. Aber einer der Brüder nannte eines Tages den siebten Bruder einen Faulenzer, der besser auch mit zur Arbeit ginge und sein Brot verdiente. Er drängte solange, bis man einmütig beschloß, daß der siebte Bruder mit den anderen am frühen Morgen zur Arbeit aufbrechen sollte.
Nach kurzer Zeit machten sie die Erfahrung, daß niemand sie zu Hause erwartete, wenn sie müde von der Arbeit kamen. Nichts war geordnet, nichts geputzt, kein Tisch war gedeckt. Sie waren verdrossen und stritten häufig, wer nun die Hausarbeit tun sollte. Jetzt erst merkten sie, wie dumm sie gehandelt hatten. Darum beschlossen sie, den Bruder wieder in sein häusliches Amt einzusetzen. Und siehe da, das verlorene Glück und der Friede kehrten wieder zu ihnen zurück."
Sie raten vermutlich nicht, worauf dieses Gleichnis hinzielt. Sicher wird manches davon auch zutreffen auf Fami-

lien, in denen beide Elternteile ganztägig berufstätig sind. Die Fabel aber meint etwas anderes: Die sieben Brüder sind die sieben Wochentage, und der Sonntag ist unter den Werktagsbrüdern der Tag, der – richtig gelebt – den anderen sechs Tagen Ruhe und Segen bringt.
„Ist der Sonntag als Tag gemeinsamer Arbeitsruhe überhaupt noch zu retten?" fragten kürzlich Christen in einem Arbeitskreis. Viele meinen nämlich, aus wirtschaftlichen Gründen könnten wir uns den Sonntag nicht mehr leisten. Es sei viel zu teuer, einen Tag lang alle Maschinen stillstehen zu lassen. Nur die gleitende Arbeitswoche habe Zukunft. In der Diskussion aber fand man gute Gründe, daß der Sonntag keineswegs überflüssig geworden ist. Eine Gesellschaft, die auf den gemeinsamen Tag der Ruhe verzichte, werde auf die Dauer inhuman. Tatsächlich können der einzelne und die Familie am besten Erholung und Ruhe finden, wenn am Sonntag ein Klima der *gemeinsamen* Ruhe herrscht und nicht ringsum die Hektik weitergeht. Wie soll eine Familie gemeinsam den Sonntag gestalten, wenn keine gemeinsame Freizeit gegeben ist? Und nur ein gemeinsamer Ruhetag schafft Raum für Geselligkeit und kulturelle Begegnung.
Es geht hier nicht um ein kirchliches Sonderinteresse, sondern um das, was ganz allgemein für den Menschen gut ist. Für den Christen kommt freilich zum wirklichen Sonntag noch ein Entscheidendes hinzu, was auch das verlängerte Wochenende allein nicht bringen kann. Der siebte Bruder konnte den anderen Brüdern Friede und Entspannung bringen, weil er in Ruhe alles für ihr Kommen vorbereitet hatte. Christen aber erfahren dadurch, daß sie am Sonntag nicht nur für den Mitmenschen, sondern auch für Gott frei werden, Sinngebung für das Leben im Alltag. Das ist also keine verlorene Zeit. Aus der Ruhepause des einen Tages und dem Freisein für den Gottesdienst erfährt jeder der einzelnen Wochentage seine Kraft.
Menschliche Energie wird durch pausenloses, überhetztes

Lebenstempo zerstört. Das ist jedem klar. Aber erst der Kontakt mit dem, der den Sieben-Tages-Rhythmus in unser Leben hineingegeben hat, normalisiert unser Lebenstempo wirklich. Innehalten gibt unserem Leben Intensität. Und das Innehalten vor Gott, die Absprache mit ihm, geben ihm letzte Tiefe und umfassenden Sinn.

Ferdinand Krenzer
Halte deine Seele in die Sonne
Zuspruch zum Leben
Topos Taschenbuch 189
2. Auflage 1989. 144 Seiten.
Kartoniert

Für viele Christen stehen heute Glaube und Alltag ohne Verbindung nebeneinander. In etwa 80 Besinnungstexten gibt Pfarrer Krenzer Impulse für ein Leben aus dem Glauben.
Sie sollen helfen, Gott in den Dingen und Erlebnissen des täglichen Lebens zu begegnen und sensibler zu werden für einen Glauben, der unseren Alltag verändern kann.

Anzeiger für die Seelsorge

Ferdinand Krenzer
Dem Tag ein Geheimnis entlocken
Mit 20 farbigen Fotos
1991. 48 Seiten. Gebunden

Die kurzen treffenden Meditationen bringen zusammen mit den sorgfältig ausgewählten Farbfotos unsere vielfältigen Alltagserfahrungen mit unserem Glauben in Beziehung.
Ferdinand Krenzer versteht es glänzend, Augen und Ohren zu schärfen, um hinter die Dinge des täglichen Lebens zu schauen.

Matthias-Grünewald-Verlag · Mainz

Topos Taschenbücher
Die Reihe mit dem klaren Profil

Topos Taschenbücher
Die Reihe mit dem klaren Profil

186 Wachinger, Gespräche über Schuld
187 Hoffmann-Herreros, Catherine und William Booth
188 Hoffsümmer, Geschichten für Kranke
189 Krenzer, Halte deine Seele in die Sonne
190 Mommertz, Gott undsoweiter
191 Ben-Chorin, Als Gott schwieg
192 Guardini, Die letzten Dinge
193 Gubler, Der Name der Jungfrau war Maria
194 Mieth, Katechese in der Küche
195 Boldt, Johannes vom Kreuz
196 Dormeyer / Hauser, Weltuntergang
197 Jakobi / Rösch, Sport nach der Lebensmitte
198 Pascal, Die Mitte
199 Schaller, Ja zu meinen Umwegen
200 Gott in dieser Zeit
201 Beinert, Heilender Glaube
202 Hoffmann-Herreros, Matteo Ricci
203 Mertes / Schmidt, Der Jesuitenorden heute
204 Stierli, Ignatius von Loyola
205 Beyer / Beyer, Konfessionsverbindende Ehe
206 Boros, Der nahe Gott
207 Eggensperger / Engel, Bartolomé de las Casas
208 Guardini, Wunder und Zeichen
209 Hoffmann-Herreros, Dag Hammarskjöld
210 Hoffsümmer, Geschichten zur Taufe
211 Bühlmann, Die Wende zu Gottes Weite
212 Guardini, Der Kreuzweg unseres Herrn
213 Hoffmann, Das Erbe Jesu

Matthias-Grünewald-Verlag · Mainz